高等院校药学类实验系列教材

药物化学实验指导

主　编　马宇衡　嘎　鲁

副主编　赵　岩　白长财　邓喜玲

编　委（以姓氏笔画为序）

马宇衡（内蒙古医科大学）

邓喜玲（石河子大学）

白长财（宁夏医科大学）

朱晓伟（内蒙古医科大学）

杨　慧（内蒙古医科大学）

赵　岩（内蒙古医科大学）

郭　叶（内蒙古科技大学包头医学院）

梁国栋（内蒙古医科大学）

嘎　鲁（内蒙古医科大学）

科学出版社

北　京

内 容 简 介

药物化学实验是药学类各专业学生必修的重要专业实验课程之一，是以化合物合成实验研究为主的一门实践性学科。本教材的撰写目的是通过实验操作，令学生既掌握药物化学实验的基本操作方法和技能，又能通过实验获得有关药物的相关知识。本教材分为五章，分别是药物化学实验要求及实验室安全、基本知识与基本技能、验证性实验、单元反应实验、设计性实验。

本教材可供药学、药物制剂、制药工程、临床药学及中药学等专业学生使用。

图书在版编目（CIP）数据

药物化学实验指导/马宇衡，嘎鲁主编. 一北京：科学出版社，2023.6

高等院校药学类实验系列教材

ISBN 978-7-03-075816-3

Ⅰ. ①药… Ⅱ. ①马… ②嘎… Ⅲ. ①药物化学–化学实验–医学院校–教学参考资料 Ⅳ. ① R914-33

中国国家版本馆 CIP 数据核字（2023）第 105445 号

责任编辑：周 园/责任校对：宁辉彩

责任印制：赵 博/封面设计：陈 敬

科学出版社 出版

北京东黄城根北街 16 号

邮政编码：100717

http://www.sciencep.com

保定市中画美凯印刷有限公司印刷

科学出版社发行 各地新华书店经销

*

2023 年 6 月第 一 版 开本：720×1000 1/16

2025 年 3 月第二次印刷 印张：7 1/2

字数：151 000

定价：32.00 元

（如有印装质量问题，我社负责调换）

前　言

药物化学是药学领域的重要学科，在发现与发明新药、合成化学药物中发挥着重要的作用。药物化学是药学本科专业重要的专业课，药物化学实验则是该课程的重要组成部分。学生通过药物化学实验课程的学习，可增强实验安全意识、掌握实验操作技能、提升科研素养。本教材充分贯彻党的二十大报告中关于教育、科技、人才是全面建设社会主义现代化国家的基础性、战略性支撑思想，围绕药学类专业本科教育培养目标及人才培养基本要求，注重高素质药学复合型人才培养要素，由有多年教学及科研工作经验的一线教师撰写。

本教材的内容与有机化学、分析化学及药理学等相关课程紧密结合，不仅涉及合成实验，还包括结构鉴定、化合物性状分析等内容。

本教材内容分为五章。第一章为药物化学实验要求及实验室安全，主要包括实验的基本要求、安全注意事项等内容。第二章为基本知识与基本技能，主要介绍常用的实验仪器、实验基本操作及化合物分离纯化方法等。第三章为验证性实验，主要包括十三个常用药的合成及两个药物性状分析实验。第四章为单元反应实验，主要包括十二个药物中间体的合成。第五章为设计性实验，主要包括三个设计性实验实例及一个自主创新实验设计。附录主要包括常用试剂及药品的理化参数及实验室常用灭火器等。

本教材在编写时突出实用性，所写内容既有上市药物的合成，也有药物中间体合成的单元反应，可供药学、药物制剂、制药工程等专业的学生使用。本教材注重学生科研能力的提升，在设计性实验中特别加入了正交试验设计、文献查阅、实验方法优化等内容，为学生以后毕业设计及后续学历提升打下基础。

本教材在编写过程中，得到广大编委的支持与帮助，郑坤等研究生参与了教材的撰写，在此一并感谢。由于编者水平有限，本教材难免有不足之处，恳请各位读者多提宝贵意见，以便进一步修改完善。

编　者

2022年8月

目　　录

第一章　药物化学实验要求及实验室安全

药物化学实验是一门实践性很强的课程，为保证良好的实验环境和秩序、防止意外事故的发生，在进入实验室之前，参加实验者必须对实验课程的内容有充分的准备；进入实验室后，遵守实验室操作规则是顺利进行实验学习和研究的前提。

第一节　实验室规则

一、实验操作规程

1. 进入实验室前做好预习。

2. 先穿好实验服，再进入实验室，并按实验小组有秩序地入座。要保持安静，自觉遵守实验室纪律。

3. 实验开始前，要认真检查所有仪器及试剂是否完好、齐全，如有缺损应及时向实验室管理人员报告，予以调整补齐，指导教师未宣布开始不得擅自进行实验。

4. 实验过程中，必须遵守操作守则，按照操作流程进行实验，勿自行更换实验流程。

5. 实验开始后，认真观察实验现象，并如实进行实验记录。

6. 实验完毕，玻璃仪器要刷洗干净、摆放整齐，认真清点并整理实验仪器、试剂及其他设备，并将实验室打扫干净，关闭水电，经实验室管理人员验收并得到允许后，方可离开实验室。

7. 要爱护公共财物，小心使用教学仪器和实验设备，注意节约试剂和水电。

二、实验室纪律要求

1. 遵守纪律，保持肃静，不大声喧哗。在实验室内不得嬉戏打闹，实验过程中，不得擅离岗位，服从教师的指导，有事要先请假，经教师同意后才能离开实验室。

2. 领取实验试剂时，确认试剂瓶上的标示名称是否为需要的实验试剂，应看清楚试剂危害标识和图样，了解试剂是否有危害、有何种危害。使用挥发性、高腐蚀性、有毒害性试剂，以及进行产生汞、酸及其他有害蒸气的实验时必须要在通风橱中进行操作。

3. 仪器取用要严格遵守仪器使用登记制度：实验前，登记、领取自己的实验仪器；实验中，使用自己的仪器，不得随意动用他人的仪器；实验后，登记、如数归还领取的实验仪器；公用仪器使用完毕后应洗净，放回原处，如有损坏，必须及时登记，按规定补领。

4. 实验试剂不得入口，取用有毒试剂更要小心，不得接触伤口，实验时所产生的有毒或腐蚀性废物、污水等要在指导教师指导下妥善处理，严禁随意抛弃。

5. 严禁在实验室内吸烟、饮食，不要随地吐痰，注意个人卫生及仪表。保持实验室内和实验台面的卫生、整洁，废纸屑、火柴梗等固体废物应投入废纸篓，不得丢入水槽或扔在地面上。废液及残渣应倒入指定的废液缸中，严禁倒入水槽，以防水槽和下水管道堵塞或腐蚀。

6. 值日生负责实验室的整体卫生工作，整理好公用仪器及试剂，关好水电、门窗。

第二节　实验室安全操作规则及常见意外事故的处理

一、实验室安全守则

1. 药物化学实验室严禁使用酒精灯等明火。

2. 进入实验室的同时，应了解灭火器、急救箱的存放位置，以备危险时使用。

3. 实验室内试剂应贴有标签，在使用时应按要求规范取用，用完后应归还原处。实验剩余的试剂不得放回原瓶，应放到指定的容器内。未经许可不得将试剂带出实验室。

4. 实验室中的危险试剂及特殊试剂要专人、专柜分类保管，实行双人双锁管理制度。各种危险试剂要根据其性能、特点分类储存，并定期进行检查，以防意外事故发生。

5. 实验过程中禁止将不明性质的化合物混合。

6. 对于产生有毒或恶臭气体的实验，应在通风橱中进行，必要时加装尾气吸收装置。

7. 实验中注意个人防护，在进行危险性实验时，应使用护目镜、手套等防护设备。

二、实验室事故预防与处理

为减少实验室事故的发生，应当以预防为主，通过提高防范意识避免可能发生的事故。如果在实验过程中发生了意外事故，应正确、迅速、果断处置。药物化学实验室常见事故及处理措施如下。

（一）割伤

实验室中的割伤主要是使用打孔器、小刀、剪刀不当或因碎玻璃造成的皮肤伤害。当发生割伤后，应及时使用洁净的流动水充分清洗伤口，将可能在伤口残留的污物清洗干净后，使用医用消毒药品擦拭后包扎患处。当伤口较大时，应采取压迫止血法进行临时止血，并立即送往医院处理。为避免割伤的发生，应正确使用打孔器、小刀及剪刀等工具；使用玻璃仪器时，轻拿轻放，以免破损造成伤害。

（二）烫（烧）伤

烫（烧）伤是接触明火或高温物体引起的皮肤伤害。受伤后应立即使用冷水长时间冲洗患处或使用冰块冷敷受伤部位约 5min 以减轻疼痛和症状。随后消毒处理患处，涂擦烫伤膏。对于重度烫（烧）伤应及时到医院就诊治疗。为避免烫（烧）伤的发生，禁止在实验室使用明火；使用加热装置时避免直接接触导热体。

（三）灼伤

灼伤是接触腐蚀性药品或试剂如浓硫酸或氢氧化钠等造成的皮肤损伤。遇酸腐蚀致伤，先使用干布擦拭受伤皮肤，然后用大量流动水冲洗，再用饱和碳酸氢钠溶液或稀氨水清洗，最后用水冲洗。遇碱腐蚀致伤，使用干布擦拭受伤皮肤，然后使用大量流动清水冲洗，再用 2% 乙酸溶液或 1% 硼酸溶液清洗，最后用水冲洗。为避免灼伤，应戴手套并规范取用化学试剂。

（四）吸入伤

吸入伤是人体吸入有毒有害化学气体造成的呼吸系统或全身性伤害，这种气体包括氯气、氯化氢气体等。吸入氯气、氯化氢气体时，可吸入少量乙醇和乙醚的混合蒸气解毒。吸入硫化氢或一氧化碳气体而感到不适时，应立即到室外呼吸新鲜空气。特别强调的是，氯气、溴中毒不可进行人工呼吸，一氧化碳中毒不可用兴奋剂。为避免吸入伤，应在通风橱中完成有毒或有恶臭气体的实验，必要时加尾气吸收装置。

（五）电击伤

电击伤是使用实验仪器不当漏电造成的伤害。当发生电击伤时，应及时切断电源，然后使用绝缘木棍救人。为避免电击伤，应按时检查用电实验仪器；严禁用湿手触摸电器；坏的接头和插座应及时更换。

三、实验室消防常识

（一）预防措施

1. 实验室内物品必须分类存放。要保持通道畅通，主要通道的宽度一般不少于 1.5 米。

2. 实验室内严禁吸烟和使用明火。

3. 严格按照实验规程，在教师指导下进行实验。

4. 实验结束，协助教师对实验室进行安全检查，切断电源，关闭门窗，确认安全后方可离开。

5. 实验室内外的消防通道必须保持畅通，消防器材不准随意挪用。

6. 如发现不安全因素，要立即报告教师或保卫处解决，暂时不能解决的，要采取防护措施。

（二）发生火灾怎么办

1. 报警 当发生火灾时，应视火势情况，与周围人员积极灭火同时报告校园警务室，若火势较大应及时向消防队报警。

2. 疏散 将受火灾威胁的人和物资疏散到安全地点。疏散时应首先疏散人员，以避免造成伤亡。

3. 扑火　火灾初期，燃烧面积不大，火焰不高，辐射热不强，火势发展比较缓慢时，可采取适当方法灭火，但火势较大时应由专业人员灭火。常用灭火器及其适用范围见附录3。

（三）灭火方法

不同物质着火应使用不同的灭火方法。

1. 纸张、橡胶及塑料等固体可燃材料引发的火灾，可采用水冷却法。

2. 易燃可燃液体、易燃气体和油脂类等化学药品引发的火灾，使用大剂量泡沫灭火器、干粉灭火器灭火。

3. 带电设备引发的火灾，应切断电源后再灭火，因现场情况及其他原因不能断电需要带电灭火时，应使用沙子或干粉灭火器，不能使用泡沫灭火器或水。

4. 可燃金属，如镁、钠、钾及合金等引发的火灾，应用特殊的灭火剂，如干砂或干粉灭火器等。

四、实验室三废处理

（一）废气的处理

在进行一般实验时，对产生较少有害气体的处理方法是开启通风橱的通风开关，使室内空气及时更新，减少对实验操作人员身体健康的影响。

在进行可能产生强烈刺激性或毒性较大气体的实验时，实验操作人员必须在通风橱中进行，并保证通风良好，必要时加装尾气吸收装置。

（二）废液的处理

实验过程中产生的各种废液不得直接倒入下水道，处理时按要求倒入相应的废液桶。

可回收废液一般指清洗实验器具产生的可重复使用的废液，使用数次后再回收至不可回收废液桶中。

不可回收废液收集至废液桶后由实验管理人员负责转移到指定管理地点，相关人员按相关规定进行处理。

（三）废渣的处理

实验产生的废渣，主要包括滤渣、纸屑、碎玻璃、废塑料等，可倒入实验室垃圾桶。对于空置试剂瓶应将其放置于购买时的箱子中，同时转移至危险品仓库由指定人员处理，不得直接丢弃至垃圾箱。

五、特殊化学品的储存与管理

（一）特殊化学品的储存

药物化学实验中除了使用一般试剂外，还会使用特殊化学品。特殊化学品主要包括易燃品（易燃液体、易燃固体、自燃物品和遇湿易燃物品）、易爆品、易制毒化学品、麻醉品、有毒品等。对于不同化学试剂储存条件各不相同：

1. 一般化学品 一般化学品应分类后存放于专用试剂库中，库房应通风良好、阴凉、干燥且配备专用消防装置。存放试剂的试剂架应耐腐蚀。

2. 易燃品 钠、钾等碱金属储存于煤油中。黄磷储于水中。镁、铝（粉末或条片）应避潮保存，以免积聚易燃易爆的氢气。

3. 易爆品 应存放于通风良好、温度及湿度相对较低的避光仓库。试剂应远离热源火源存放，并避免震荡。对于极易爆品、氧化剂应在20℃以下隔离存放，最好保存在防爆试剂柜、防爆冰箱内。

4. 易制毒化学品 易制毒化学品可分为三类，第一类是可以用于制毒的主要原料，而第二、三类则是可以用于制毒的化学配剂。这三类试剂应分类存放：第一类易制毒化学品应存放于特殊药品库；第二、三类易制毒化学品则应存放在危险品仓库内。仓库应注意通风并及时散热，防止温度升高，易制毒化学品不稳定。

5. 麻醉品 麻醉品严格实行专库（柜）保管，专库（柜）必须执行双人双锁保管制度，仓库内须有安全措施，如报警器、监控器。麻醉药品性质不稳定，遇光变质，库（柜）应注意避光，采取遮光措施。

6. 有毒品 剧毒化学品，只能存放在学校的剧毒化学品库中，实行“双人双锁保管、双人领取、双人使用、双本登记”的五双制度。致癌药品，有致癌药品的明显标志，上锁，并做好相关使用记录。产生有毒气体或烟雾的药品，存放在通风橱中。

（二）特殊化学品的管理

1. 登记注册 根据国家标准《常用危险化学品的分类及标志》（GB13690—2016）中所列的常用化学品目录，将实验室中危险品及特殊药品全部登记注册。

2. 分类管理 依据《常用危险化学品的分类及标志》（GB13690—2016）和《危险货物分类和品名编号》（GB6944—2012）两个国家标准，将实验室中危险化学品及特殊药品进行分类。

3. 安全标签 在药品库中，对不同类型试剂张贴安全标签，使用简单明了、易于理解的文字、图形警示使用人员。

4. 出入库 特殊化学品（如麻醉品、易制毒化学品及有毒品）的出入库按管理要求严格执行“双人双锁保管、双人领取、双人使用、双本登记”的五双制度；使用部门须开具特殊化学品领用单，由相关负责人签字后，向特殊化学品库管理人员申请领用化学品并做好出、入库登记工作。未经批准的人员不得随意进入特殊化学品库与危险品仓库。

5. 日常检查 日常检查可分为逐日检查、定期检查及临时检查，检查过程中要排除隐患，对可能出现的危险问题及时整改并上报。检查内容主要包括电气设备、试剂泄漏、通风、温度、湿度、有毒有害气体等方面。

6. 安全教育 定期对实验室工作人员及学生进行安全教育。通过培训使其了解所使用的化学品的危害性，提高警惕并掌握必要的应急处理方法。

（三）化学品的储存禁忌

凡是互相接触能发生化学反应的药品都要隔离储存，特别注意可以通过化学反应生成危险物及有害气体产生火焰或引发爆炸等危险的药品。以下药品必须隔离存放。

1. 氧化剂与还原剂不能混放。

2. 强酸如硫酸不能与强碱及强氧化试剂类（如高锰酸钾、氯酸钾等）混放；酸类不能与可产生有害气体的盐类（如氰化钾、硫化钠、亚硝酸钠、氯化钠、亚硫酸钠等）混放。

3. 易水解的药品（如乙酸酐、乙酰氯、二氯亚砜等）不能与水、酸及碱混放。

4. 卤素（氟、氯、溴、碘）不能与氨、酸及有机物混放。

六、思考题

1. 实验室中如何避免火灾的发生？

2. 为了防止实验室试剂发生爆炸，对于易燃易爆试剂应如何存放？

3. 药物化学实验中应配备哪些个人防护装置？

第三节　实验的预习、记录和报告

一、实验的预习

在实验前，应充分做好预习工作。预习工作包括预习反应的合成路线、可能发生的副反应、反应机制、实验操作的原理和方法、产物提纯的原理和方法、注意事项及实验中可能出现的危险及处置办法，应给出详细的报告。同时还要了解反应中化学试剂的化学计量学用量，对化学试剂和溶剂的理化常数等要记录在案，以便查询。

二、实验记录

实验记录在科学研究过程中具有非常重要的作用，是观察和测量结果的信息储存，是进行科学思维和研究、撰写实验报告的依据，做好实验记录和实验报告是每一个科研人员必备的基本素质。实验记录应记在专门的实验记录本上，实验记录应有连续的页码。所有观察到的现象、实验时间、原始数据、操作和后处理方法、步骤均应及时、准确、详细地记录在实验记录本上，以保证实验记录的完整性、连续性和原始性。

三、实验报告

实验报告是实验工作的概括和总结，是科研工作者分析、归纳、整理实验记录，讨论实验结果并把实验获得的感性认识上升为理性认识的过程，实验报告必须在科学实验的基础上进行。

药物化学实验常见的实验报告格式如下。

实验题目

实验人:________　实验日期:________　天气:________　室温:________

1. 实验目的

2. 反应原理

3. 可能发生的副反应

4. 化学试剂规格及用量

5. 实验操作及实验现象

6. 实验结果与讨论

第二章　基本知识与基本技能

药物化学实验是药学类各专业学生的一门重要的专业实验课程，是以合成实验研究为主的一门实验学科。药物化学实验是在掌握了化学基础课（尤其是有机化学）的基本知识、实验技能和技巧的基础上，在药物化学方面的进一步应用。但药物化学实验并不完全是合成实验，学生还需要了解药物的药理作用、药动学过程并根据上述知识设计改造药物。药物化学实验课程是通过实验操作后，令学生既掌握药物化学实验的基本操作方法和技能，又能通过实验获得有关药物的相关知识，在巩固验证所学理论和药物性能的基础上学会药物化学实验的基本研究方法，培养学生理论联系实际的作风，实事求是、严格认真的科学态度，良好的工作习惯及独立思考和独立工作的能力。通过药物化学实验的严格训练，使学生掌握药物化学实验的基本研究方法，包括合成方案的提出（从材料的收集、筛选开始，经分析、比较和综合，最后提出方案），组织实践（根据条件进行预实验，由结果确定、修改原方案），中间物的提纯及鉴定，终产品鉴定（包括产率计算、质量评定等）等。

第一节　药物化学实验的基本过程

药物化学实验的主要任务之一是合成化学药物。化学药物一般是由结构比较简单的化工原料经过一系列的化学合成过程制得或由一定结构的天然产物经过修饰改造而合成得到。前者称为全合成药物，后者称为半合成药物。对于新药或未知物，由于没有特定的合成路线，一般要根据药物的结构特点，运用学过的有机化学等方面的知识进行设计和试验。对于已知药物（尤其是已上市的药物）的合成，因为已有文献报道，可以通过文献查阅寻找合成路线并对合成路线进行优化，包括对中间体及最终产物进行提纯和鉴定方法的选择，从而获得最佳工艺路线。因此，任何一个药物的合成，一般都要经历一步或多步的化学反应、产物的分离纯化和目标物的鉴定三个阶段，每个阶段所涉及的操作都必须规范，否则难以得到预期的结果。

一、合成路线的选择及反应中的基本操作

即使是同一种药物，通过文献查阅也可能找到多条合成路线，它们各自有相应的特点和优缺点，应深入细致地进行综合比较，确定一条行之有效的合成路线。选择和比较的标准一般应从技术先进性、经济合理性及可操作性、安全性等几个

方面考虑。

合成路线确定后，必须有规范的操作相配合，才能达到预期的目的，涉及的单元操作主要有以下几个方面。

1. 加热 由于大多数的有机化合物都为易燃、易爆的物质，在使用易燃有机溶剂的实验室禁止使用明火加热。为加速有机反应的反应速率，需加热供给能量，加热方式有直接加热和间接加热两种，但直接加热升温速度快，温度不易控制，易导致局部过热，一般避免使用此种方式。

间接加热是采用装有传温介质的“浴”加热，常用的有水浴、油浴（甘油浴、石蜡浴等）和电热套等。

水浴用于加热温度在 80℃以下的反应，但下述情况水浴加热受到限制：①为防止水蒸干，连续过夜的反应不适于水浴加热；②水蒸气使无水反应难以进行的情况；③能与水发生剧烈反应的物质如金属钠、钾等不能水浴加热。

油浴可用于加热温度在 100～250℃的反应，多使用甘油和石蜡作为传温介质。油浴具有传热均匀，温度容易控制的特点。所用油不同，能达到的最高温度不同：甘油浴可达到 140～150℃，石蜡浴可达到约 200℃，硅油浴可达到 250℃左右，但所有油浴的浴温都需通过调节变压器来调控。

电热套加热的最高温度可达 400℃。其电热丝用玻璃纤维包裹，套内填有石棉，既较安全、方便，又清洁保温，是一种较好的加热仪器。它的传温介质是空气，使用时要选择与反应瓶大小相匹配的型号，两者之间要有一定的空隙，温度仍需调节变压器调控。

微波辐射加热是近年来发展起来的新技术。微波是一种超高频的电磁波，用其辐射反应物，反应速率远远高于常规加热法，不仅缩短反应时间、减少副反应、提高收率，而且减少了“三废”的产生，是一种绿色能源。在实验室，有些反应用普通家用微波炉就能进行。对于需加热回流的反应，则需专业人员改装，在炉顶部钻孔，装上回流冷凝器即可操作。

2. 冷却 有些反应，其中间体在室温下不够稳定，必须在低温下进行；有的放热反应，常产生大量的热，使反应难以控制，并引起易挥发化合物的损失，或导致有机物的分解或增加副反应，为除去过剩的热量，便需要冷却。此外，为减少固体化合物在溶剂中的溶解度，使其易于析出结晶，也常需要冷却。

一般情况下，冷水是最常用的冷却剂。对于室温以下、0℃左右的反应可用冰水浴、冰盐浴冷却，使用不同种类的盐并调节其用量，可达到不同的最低温度。

如需达到更低温度，将干冰（固态二氧化碳）与乙醇或丙酮等溶剂以适当的比例混合，温度可达−78℃；液氮可冷至−196℃。

常用的冰盐浴冷却剂和其他冷却剂及最低冷却温度见表 2-1 和表 2-2。

表 2-1 常用的冰盐浴冷却剂和最低冷却温度

盐	每 100g 碎冰用盐（g）	最低冷却温度（℃）
$NaNO_3$	50	−18.5
NaCl	33	−21.2
$NaCl/NH_4Cl$	40/20	−26
$NH_4Cl/NaNO_3$	13/37.5	−30.7
K_2CO_3	33	−46
$CaCl_2 \cdot 6H_2O$	143	−35

注：盐要预先冷却到 0℃

表 2-2 其他冷却剂和最低冷却温度

冷却剂	最低冷却温度（℃）	冷却剂	最低冷却温度（℃）
乙二醇/干冰	−15	三氯甲烷/液氮	−63
四氯化碳/干冰	−23	四氯化碳/液氮	−23
三氯甲烷/干冰	−63	乙腈/液氮	−41
乙醇/干冰	−72	甲醇/液氮	−98
乙醚/干冰	−77	*n*-戊烷/液氮	−131
丙酮/干冰	−78	液氮	−196

二、药物合成反应中常用的装置

回流是指原料药或溶剂的蒸气经过冷凝管冷凝变成冷凝液，冷凝液又返回原容器中的过程。很多药物合成反应需要在反应体系的溶剂或液体反应物的沸点进行，这时就要用回流装置。回流是有机药物合成反应中最常用的操作方法。回流装置的目的为保持一个固定的反应温度，使得反应进行时的温度都控制在某一恒温的条件下。温度的高低主要由所用溶剂的沸点决定。根据反应的要求不同，回流装置包括普通回流装置、加料搅拌回流装置、干燥回流装置、油水分离回流装置和气体吸收回流装置。

1. 普通回流装置 适用于需要保持反应溶液缓缓沸腾一定时间的反应操作和重结晶的操作，装置见图 2-1。

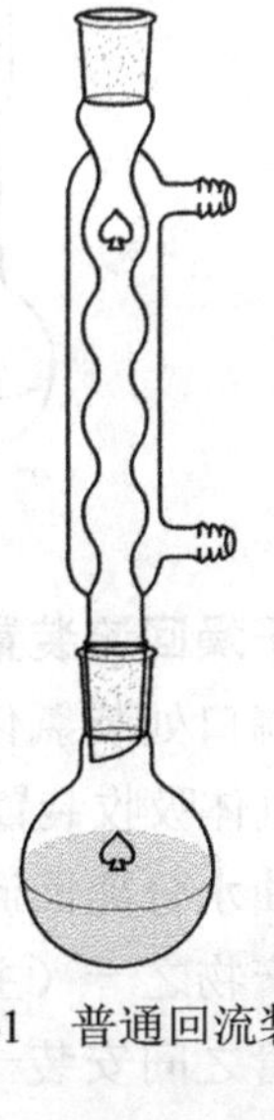

图 2-1 普通回流装置

2. 加料搅拌回流装置 有些反应进行剧烈，放热量大，为避免反应失去控制，使反应正常进行，反应物需要分批加入；有些反应为了控制反应物的选择性，也不能将反应物一次加入。在这些情况下可选用两颈瓶或在圆底烧瓶上装配“Y”形管或三颈瓶，烧瓶颈上分别安装冷凝管、滴液漏斗及温度计，装置见图 2-2 和图 2-3。

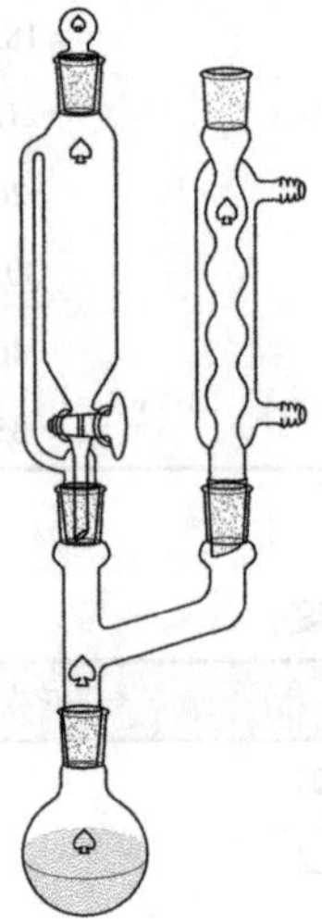

图 2-2 加料搅拌回流装置 1

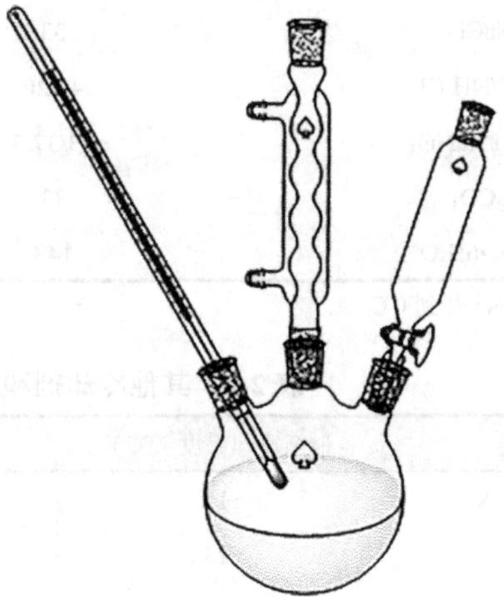

图 2-3 加料搅拌回流装置 2

3. 气体吸收回流装置 若反应过程中有有毒或刺激性气体产生，可在普通回流装置中的冷凝管上端口处安装气体吸收装置，装置见图 2-4。

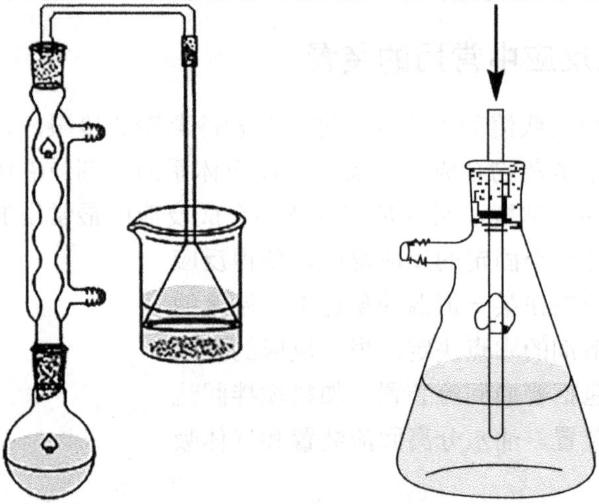

图 2-4 气体吸收回流装置

4. 干燥回流装置 若反应需要在无水条件下进行，可在普通回流装置中的冷凝管上端口处装氯化钙干燥管来防止空气中湿气的侵入，若反应还产生有害气体可加装气体吸收装置，装置见图 2-5。

5. 油水分离回流装置 在进行可逆反应时，为使反应正向反应进行到底，可将反应产物之一（主要是生成的水）不断从反应混合物体系中除去，在圆底烧瓶和冷凝管之间安装一个分水器，回流下来的冷凝液进入分水器，分层后，有机层自动返回烧瓶，生成的水从分水器中放出。此装置适用于反应的有机物不与水混溶的可逆反应，装置见图 2-6。

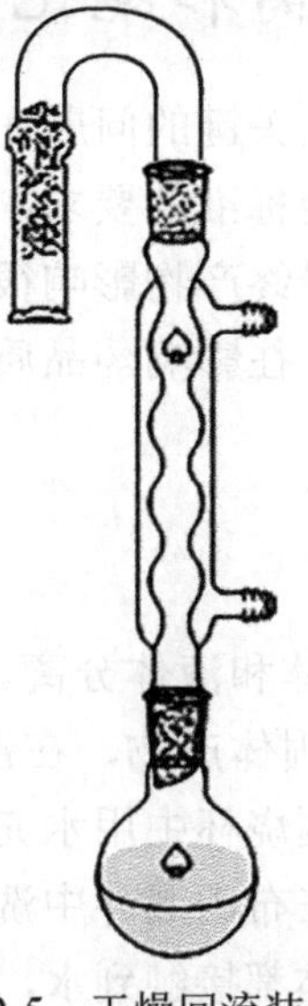

图 2-5 干燥回流装置

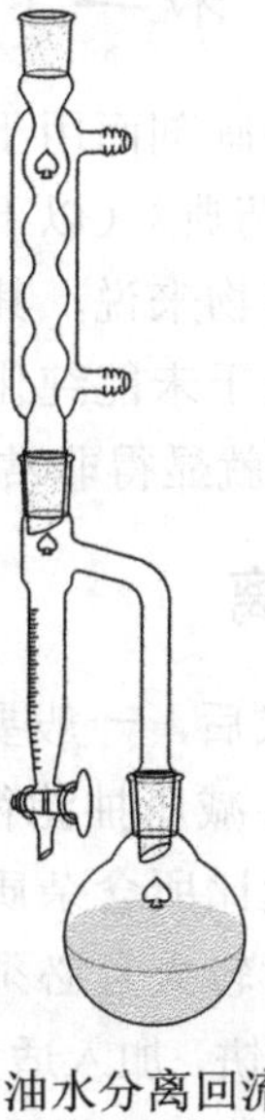

图 2-6 油水分离回流装置

第二节 产物的分离和纯化

能够制成各种制剂而用于临床的原料药，其关键的问题在于其质量是否符合《中华人民共和国药典》（以下简称药典）或其他标准的要求，对于一个由多步合成而得到的化学药物来说，其中间体的质量对最终产物影响很大，中间体合成过程中的部分杂质由于未能纯化而带入成品药，往往影响药品质量，因此对药物中间体的提纯和鉴定就显得非常重要。

一、产物的分离

合成反应完成后，一般要将反应物中的固体和液体分离。如果产物是固体，通常采用布氏漏斗减压抽滤得到产物，滤取的固体产物，在洗涤前要尽量压干。若产物的水溶性远比所含杂质小，可将其转移到烧杯中用水充分搅拌洗涤；如果产物的水溶性相对较大且必须用水洗涤时，可在布氏漏斗中洗涤，操作时先用不锈钢铲小心挖松滤饼，加入适量的水，使所有固体都接触到水，稍等片刻进行抽滤，压干，去除母液。按此操作重复数次，直至达到要求为止。

如果产物是较黏稠的液体，抽滤困难时，可在反应液中加入适量硅藻土或活性炭等助滤剂帮助过滤。留在布氏漏斗上的固体物质用少量合适的溶剂洗涤 1～2 次，以洗脱被吸附产物。洗涤完成后，一定要先将泵与抽气瓶连接的橡皮管脱离，以防止倒吸，污染产物。

二、产物的纯化方法

1. 重结晶 将晶体溶于溶剂或熔融以后，又重新从溶液或熔体中结晶的过程称为重结晶，重结晶是纯化固体有机物的最常用的方法之一，在重结晶过程中溶剂的选择是关键，理想的溶剂应满足下列条件。

（1）不与待纯化物质发生化学反应。

（2）待纯化物质和杂质在所选溶剂中的溶解度有明显的差异，尤其是待纯化物质在溶剂中的溶解度应随温度变化有显著性差异。

（3）溶剂易与重结晶物质分离。

（4）经济、安全、毒性小、易回收。

2. 升华法 纯化固体化合物的另外一个方法是利用升华法纯化，升华法纯化是利用固态物质受热后不经熔融直接转化为蒸气，该蒸气经冷凝直接凝固为固态物质的过程。升华法不仅可以分离挥发度不同的固态混合物，还可以除去难挥发杂质。由升华法纯化而得到的有机物一般纯度都较高。但并不是所有的固体化合物都可用升华法来纯化。升华法只适用于饱和蒸气压较大的固态物质，在常压下不易升华的物质，可在减压条件下进行。注意事项：①待升华物质要充分干燥，以免影响分离效果；②加热应尽量避免明火直接加热，加热温度应控制在待纯化物质的三相点以下。

3. 色谱法　色谱法也称层析法，是一种物理的分离方法，是分离、提纯和鉴定有机合成药物的重要方法之一。它的分离原理是使混合物中各组分在两相间进行分配，其中一相是不动的，称为固定相；另一相是携带混合物流过固定相的流体，称为流动相。当流动相中所含混合物经过固定相时，就会与固定相发生作用。由于各组分在性质和结构上有差异，与固定相发生作用的大小、强弱也有差异，因此在同一推动力作用下，不同组分在固定相中的滞留时间有长有短，从而按先后不同的次序从固定相中流出。这种借助在两相间分配差异而使混合物中各组分分离的技术，称为色谱法。根据操作条件不同，色谱法可分为柱色谱、纸色谱、薄层色谱、气相色谱、高效液相色谱等，以下介绍常用的色谱法。

（1）薄层色谱法（thin-layer chromatography，TLC）：是一种简单实用的实验技术，属固液色谱。一般薄层色谱的固定相是硅胶或氧化铝，属吸附色谱。在层析过程中，吸附剂对样品中各组分的吸附力不同，当展开剂流过时，各组分被展开剂从吸附剂上解析下来的难易程度不同，从而造成各组分移动时的速度差别而达到分离的目的。薄层色谱可以用来分离混合物、鉴定精制化合物、测定样品纯度。其展开时间短，几十分钟就能达到分离目的，分离效率高，通常可分离几毫克到几百毫克的样品。在药物合成实验中，还常用来跟踪反应进程和确定反应的终点。薄层色谱特别适用于挥发性小的化合物及在高温下化学性质不稳定的化合物的分析和分离。

（2）柱色谱法：柱色谱法是通过色谱柱来实现分离的，主要用于大量化合物的分离。色谱柱内装有固体吸附剂，也就是固定相，如氧化铝或硅胶等。液体样品从柱顶加入，在柱的顶部被吸附剂吸附，然后从柱的顶部加入有机溶剂也就是展开剂进行洗脱。由于吸附剂对各组分的吸附能力不同，各组分以不同速度下移，吸附能力较弱的组分在流动相里的含量较高，以较快的速度下移。各组分随溶剂按一定顺序从色谱柱下端流出，分段收集流出液，再用薄层色谱来鉴定各组分。柱色谱的分离条件可以套用该样品的薄层色谱条件，分离效果亦相同。

（3）高效液相色谱法（highperformance liquid chromatography，HPLC）：是一种具有高灵敏度、高选择性的高效、快速分离分析技术，广泛应用于医药分析的各个领域。在药品质量控制如主要成分的定性定量分析、杂质的限量检查和测定、稳定性考察等，药物合成反应的监测，药物体内过程和代谢动力学研究，中药的成分研究及人体内源活性物质的测定中，高效液相色谱都是重要的分析手段。

4. 萃取　萃取法是利用物质在两种互不相溶（或微溶）的溶剂中溶解度的差异，使物质从一种溶剂中转移到另一种溶剂中，经过反复多次交换，达到分离纯化的目的。萃取法是提纯有机化合物的常用操作方法之一，应用萃取法可以从固体或液体混合物中提取所需要的物质，也可以用来除去混合物中的少量杂质。在利用萃取法提纯时，应特别注意溶剂的选择。操作方法见图 2-7。

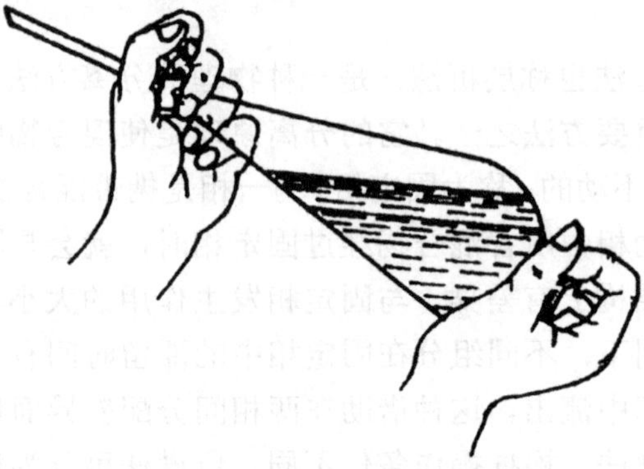

图 2-7 萃取

5. 蒸馏法 蒸馏是分离和提纯液体有机化合物最常用也是最重要的方法之一。蒸馏法根据液体混合物中液体和蒸气之间混合组分的分配差别进行纯化，是纯化挥发性和半挥发性化学试剂的第一选择。蒸馏法又可细分为常压蒸馏、减压蒸馏、分馏和水蒸气蒸馏等。若主产物与有关杂质的沸点相差 30℃左右，用普通蒸馏即能达到分离纯化的目的；若产物的沸点较高，则需采用减压蒸馏；如产物与杂质的沸点差距不大，则需加用分馏柱进行分馏，分馏柱的选择取决于分离的难度、待馏物的数量及蒸馏时的压力范围。

（1）常压蒸馏：加热纯净液体物质时，当该物质的蒸气压等于液体表面大气压时，液体沸腾，此时的温度称为该液体的沸点。常压蒸馏就是将液体混合物加热至沸腾使其变为蒸气，然后将其冷凝为液体的过程。

常压蒸馏可把挥发性液体与不挥发的物质分离，也可分离两种或两种以上沸点相差较大（＞30℃）的液体混合物。常压蒸馏沸点在 150℃以上的液体时，可使用空气冷凝器。常压蒸馏装置见图 2-8、图 2-9。

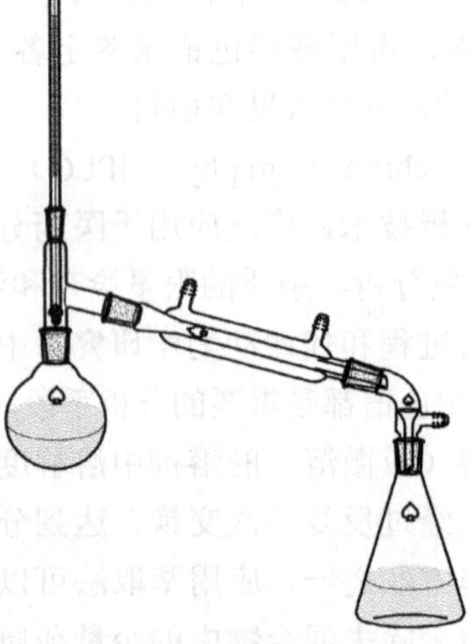

图 2-8 常压蒸馏装置

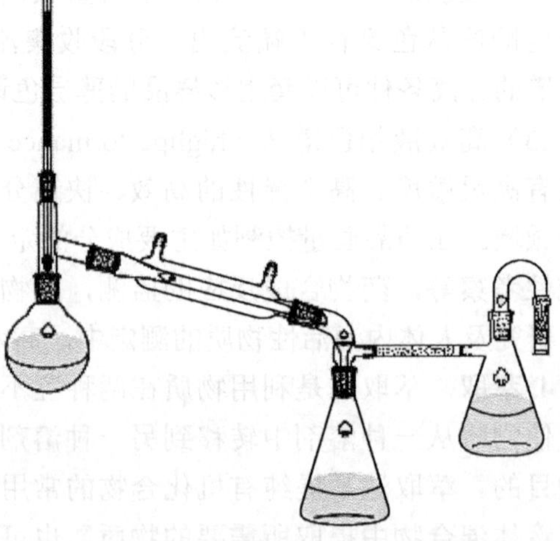

图 2-9 带干燥装置的常压蒸馏装置

（2）分馏：蒸馏和分馏都是分离提纯液体有机化合物的重要方法。普通蒸馏主要用于分离两种或两种以上沸点相差较大的液体混合物，而分馏是分离和提纯沸点相差较小的液体混合物。若用普通蒸馏分离沸点相差较小的液体混合物，从理论上讲只要对蒸馏的馏出液经过反复多次的普通蒸馏，可以达到分离的目的，但这样操作既烦琐、费时又浪费极大，而应用分馏则能克服这些缺点，提高分离效率。

分馏实际上是使沸腾的混合物蒸气通过分馏柱，在柱内蒸气中高沸点组分被柱外冷空气冷凝变成液体，流回烧瓶中，使继续上升的蒸气中低沸点组分相对增加，冷凝液在回流途中遇到上升的蒸气，两者之间进行了热量和质量的交换，上升的蒸气中高沸点组分又被冷凝下来，低沸点组分继续上升，在柱中如此反复气化、冷凝。当分馏效率足够高时，首先从柱上面出来的是纯度较高的低沸点组分，随着温度的升高，后蒸出来的主要是高沸点组分，留在蒸馏烧瓶中的是一些不易挥发的物质。分馏装置见图 2-10。

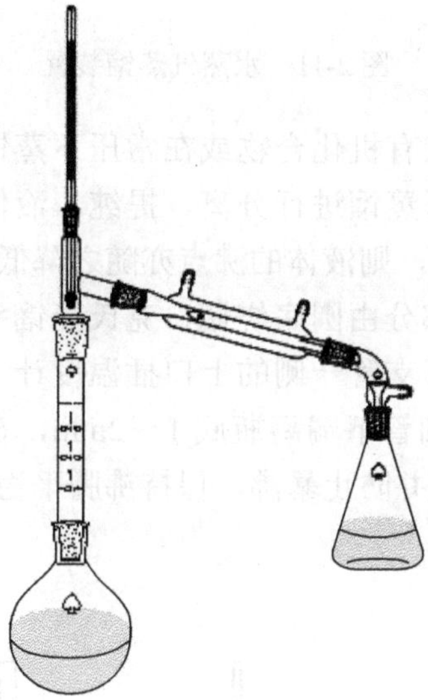

图 2-10 分馏装置

（3）水蒸气蒸馏：将水蒸气通入不溶于水的有机物中使有机物与水经过共沸而蒸出的操作。水蒸气蒸馏常用于如下方面。

1）从大量树脂状杂质或不挥发性杂质中分离有机物。

2）除去挥发性的有机杂质。

3）从固体多的反应混合物中分离被吸附的液体产物。

4）某些有机物在其自身的沸点温度时容易被破坏，用水蒸气蒸馏可以在100℃以下的温度将其蒸出。

利用水蒸气蒸馏法分离时应注意如下几点。

1）被提纯或被分离的有机物一般与水不相混溶或溶解度非常小。

2）在 100℃左右必须有一定的蒸气压（一般不小于 10mmHg）。

3）在沸腾下与水长时间共存而不起化学反应。

水蒸气蒸馏装置见图 2-11。

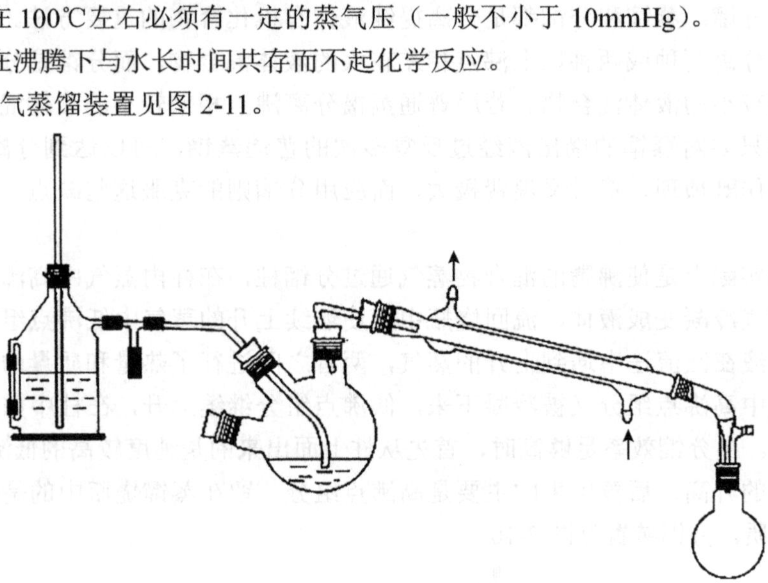

图 2-11 水蒸气蒸馏装置

（4）减压蒸馏：高沸点有机化合物或在常压下蒸馏易发生分解、氧化或聚合的有机化合物，可采用减压蒸馏进行分离、提纯。液体的沸点随外界压力变化而变化，若系统的压力降低了，则液体的沸点亦随之降低。

减压蒸馏装置：蒸馏部分由圆底烧瓶、克氏蒸馏头、冷凝管、尾接管和接收器组成。在克氏蒸馏头带有支管一侧的上口插温度计，另一口则插一根末端拉成毛细管的厚壁玻璃管，毛细管下端离瓶底 1～2mm，在减压蒸馏中，毛细管主要起到沸腾中心、搅动作用，并防止暴沸，保持沸腾平稳。减压蒸馏装置见图 2-12。

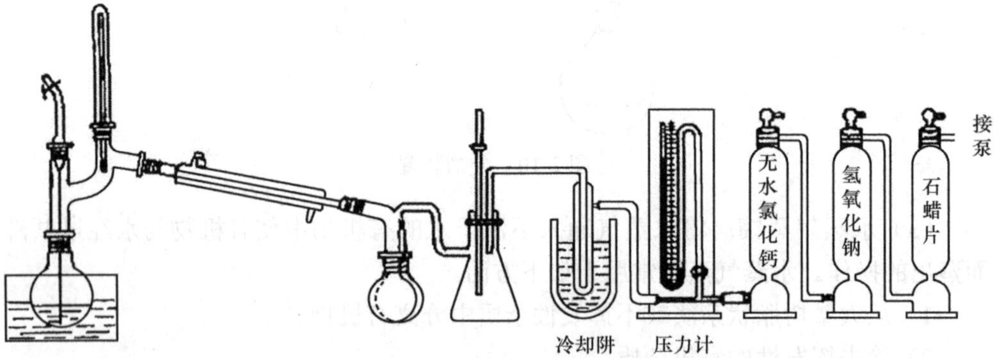

图 2-12 减压蒸馏装置

旋转蒸发仪是药物化学实验室中最常用的减压蒸馏装置，主要用于除去反应溶液中的溶剂，对反应物溶液进行浓缩。其具有易于操作、安全方便、减压蒸馏效率高等优点。与之配套的装置是真空泵系统和冷却水循环装置，见图 2-13。

图 2-13 旋转蒸发仪

总的来说，分离提纯的方法很多，要根据产物的性质及共存的原料、副反应产物和溶剂的性质选择最适合的分离纯化方法。

第三节　中间产物和最终产物的鉴定

原则上对于每一步反应的产物都要进行鉴定，以确定产物的纯度并确定是否进行下一步反应，如果中间产物的纯度不高，所含杂质较多，就有可能导致下一步反应不能进行，也可能会造成杂质的积累，使最终产物不合格。为此，对中间产物严格的提纯和鉴定在药物合成中是非常重要的。具体的鉴定方法很多，要根据中间产物的具体情况具体分析。

一、熔点

熔点（melting point，mp）是指在大气压力下化合物固、液两相达平衡时的温度（即在大气压力条件下，化合物受热由固态转化为液态时的温度）。熔点是固体有机化合物的重要物理常数，每一种有机化合物有自己特有的熔点，通过测定熔点不仅可以鉴定不同的有机化合物，也可以判断其纯度。一般固体药物需要测其熔点。

注意：

1. 熔点的测定方法可以用毛细管法测定，也可以用熔点测定仪测定。

2. 如果所测定的化合物熔程较长，则其纯度较差。

3. 如果样品和标准品熔点相差不大，可测其混合熔点，如二者的混合熔点显著下降，表明二者不是同一种物质。

4. 只有晶体化合物的熔点才有意义，同一物质的不同晶型，熔点也不一样。

显微熔点测定仪是实验室常备装置，与毛细管法测定化合物熔点相比，该测定仪具有熔点测定范围宽、效率高、客观、及时等优点。熔点测定上限可达到300℃甚至更高，通过显微镜可以直接观察化合物晶型的变化，较为客观。显微熔点测定仪见图 2-14。

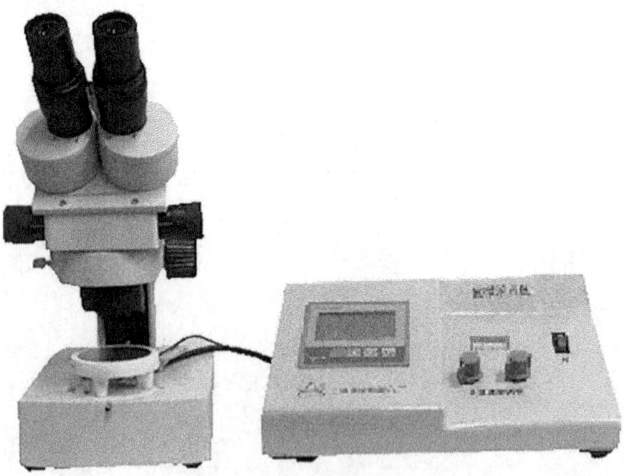

图 2-14　显微熔点测定仪

二、沸点

沸点（boiling point，bp）是指纯净液体化合物受热至蒸气压与外界大气压相等时的温度，此时液体会沸腾。每一种化合物有自己特有的沸点，通过化合物（特别是液体有机化合物）沸点的测定，可以鉴别有机化合物，并判断其纯度。

三、折光率

折光率（refractive index）是液体有机化合物的物理常数之一，通过测定折光率可以鉴定化合物的纯度，并可以鉴定未知物。注意折光率与温度有关。

四、旋光度

旋光度（optical rotation）是光活性物质的一个重要的物理常数，可作为定性判断标准或纯度标准。对映体互为镜像的立体异构体，熔点、沸点、相对密度、折光率及光谱等物理性质都相同，在与非手性物质作用时化学性质也相同，但其溶液的旋光性不同，当偏振光通过其溶液时，偏振光的振动方向发生旋转，旋转的角度为旋光度。

注意：

1. 样品的比旋度较小时，可增加溶液的浓度，以便观察。

2. 温度变化对旋光度有一定的影响，升温使旋光度下降。

3. 溶剂的改变对旋光度也有影响。

五、色谱法

1. 薄层色谱法 通过比对样品中所含物质的比移值（R_f值）与目标物的R_f值加以确证。需要注意：①取样的毛细管不可用测定熔点用的毛细管，点样点的直径宜在 2mm 以下；②一定要在两种或以上不同的展开剂展开后，都出现同一个斑点，才能认为已达到纯化的要求。薄层色谱也常用于合成过程中对中间体的监控，以准确掌握反应终点。

2. 高效液相色谱法 化学药物合成中，不但可以利用高效液相色谱法检测跟踪反应进度，还可以通过将中间产物和最终产物保留时间与对照品保留时间比较，间接确证其是否为欲得到的化合物。

六、波谱分析

波谱分析（spectral analysis）是定性鉴定药物或中间体的结构最有效和最方便的手段，应用越来越广泛。化合物的波谱分析包括红外光谱（infrared spectrometry，IR），紫外光谱（ultraviolet spectrum，UV），核磁共振（nuclear magnetic resonance，NMR）和质谱（mass spectrum，MS）等。

第三章　验证性实验

第一节　苯妥英钠的合成

苯妥英钠为抗癫痫药，适于治疗癫痫大发作，也可用于治疗三叉神经痛及某些类型的心律不齐。

化学名：5,5-二苯基乙内酰脲钠。

又名：大伦丁。

分子量：274.25。

化学结构式：

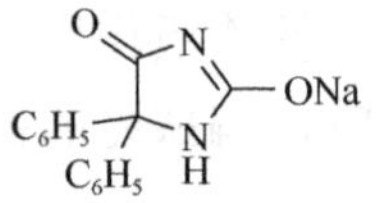

$C_{15}H_{11}N_2NaO_2$

本品为白色粉末，无臭、味苦。微有吸湿性，在空气中渐渐吸收二氧化碳析出苯妥英。

本品在水中易溶，水溶液呈碱性，溶液常因一部分被水解而变浑浊。能溶于乙醇，几乎不溶于乙醚和三氯甲烷。

一、目的要求

1. 学习安息香缩合反应的原理和以维生素 B_1 为催化剂进行反应的实验方法。

2. 学习有害气体的排出方法及防护。

3. 学习二苯羟乙酸重排反应机制。

4. 掌握用硝酸、三氯化铁氧化的实验方法。

二、实验原理

以苯甲醛为原料，经安息香缩合反应制备安息香（二苯乙醇酮）；用氧化剂氧化制得二苯乙二酮（联苯甲酰）；二苯乙二酮经二苯羟乙酸重排与尿素缩合制得苯妥英后与氢氧化钠反应制得苯妥英钠。具体合成路线如下。

1. 安息香缩合反应

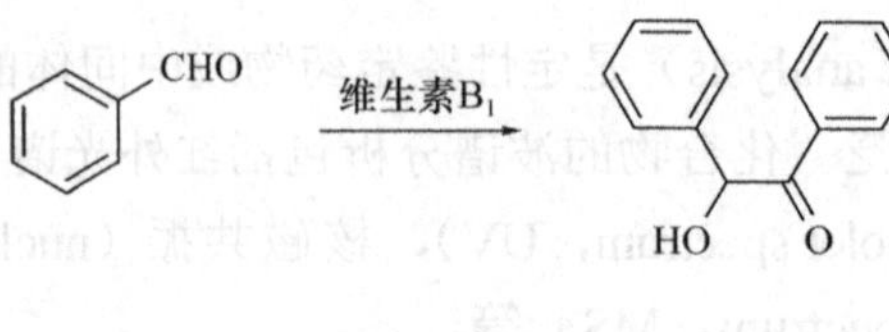

2. 氧化反应（二苯乙二酮的制备）

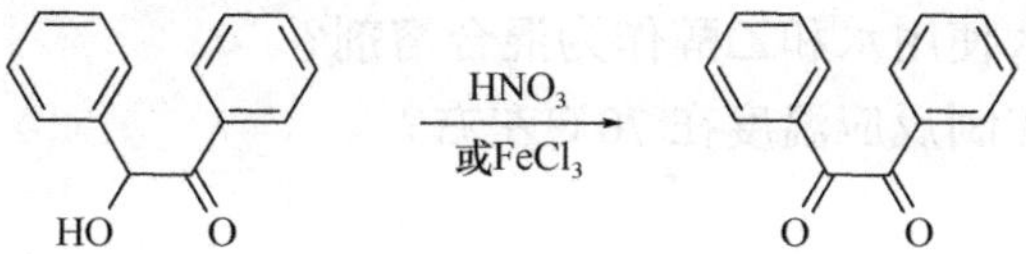

3. 二苯羟乙酸重排及缩合反应（苯妥英的制备）

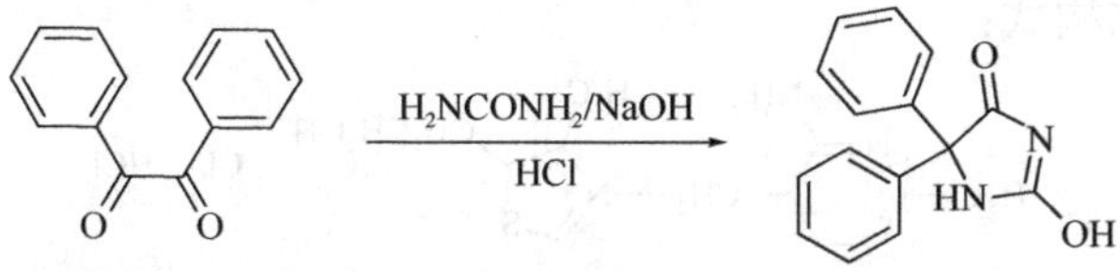

4. 成盐反应（苯妥英钠的制备）

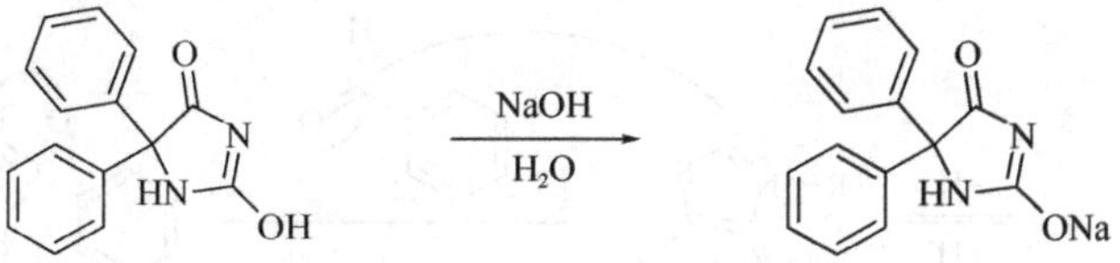

三、实验方法

（一）安息香的制备（维生素 B_1 催化[1]）

1. 主要原料规格及用量　见表 3-1。

表 3-1　安息香制备的主要原料规格及用量

原料名称	规格	用量	物质的量（mol）	物质的量比
新蒸苯甲醛	CP（*d* 为 1.05；bp 为 179.9℃）	20mL	0.2	—
维生素 B_1	原料药	3.5g	—	—
乙醇溶液	95%	30mL	—	—
氢氧化钠溶液	2mol/L	10mL	—	—

注：CP. 化学纯；*d*. 相对密度

2. 操作　在 100mL 三颈瓶中加入 3.5g 维生素 B_1 和 8mL 水，溶解后加入 95% 乙醇溶液 30mL。搅拌下滴加 2mol/L 氢氧化钠溶液 10mL。再取新蒸苯甲醛 20mL，加入上述反应瓶中。水浴加热至 70℃左右反应 1.5h。冷却，抽滤，用少量冷水洗涤。干燥后得粗品。测定熔点，计算收率。熔点应为 136～137℃。

注：也可采用室温放置的方法制备安息香，即将上述原料依次加入 100mL 锥形瓶中，室温放置至结晶析出，抽滤，用冷水洗涤。干燥后得粗品。测定熔点，计算收率。

3. 预习

（1）加热的方法。

（2）回流装置及回流操作。

（3）抽滤及洗涤操作。

4. 思考题

（1）反应为什么使用水和乙醇作为混合溶剂？

（2）为什么要控制反应温度在 70℃左右？

5. 注意事项

[1] 维生素 B_1 催化的安息香缩合反应机制

维生素 B_1 结构式：

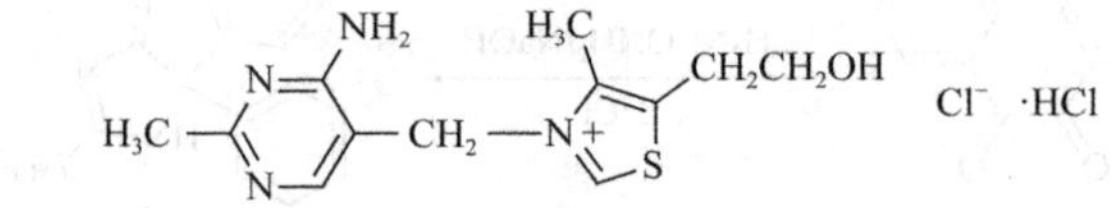

催化机制：

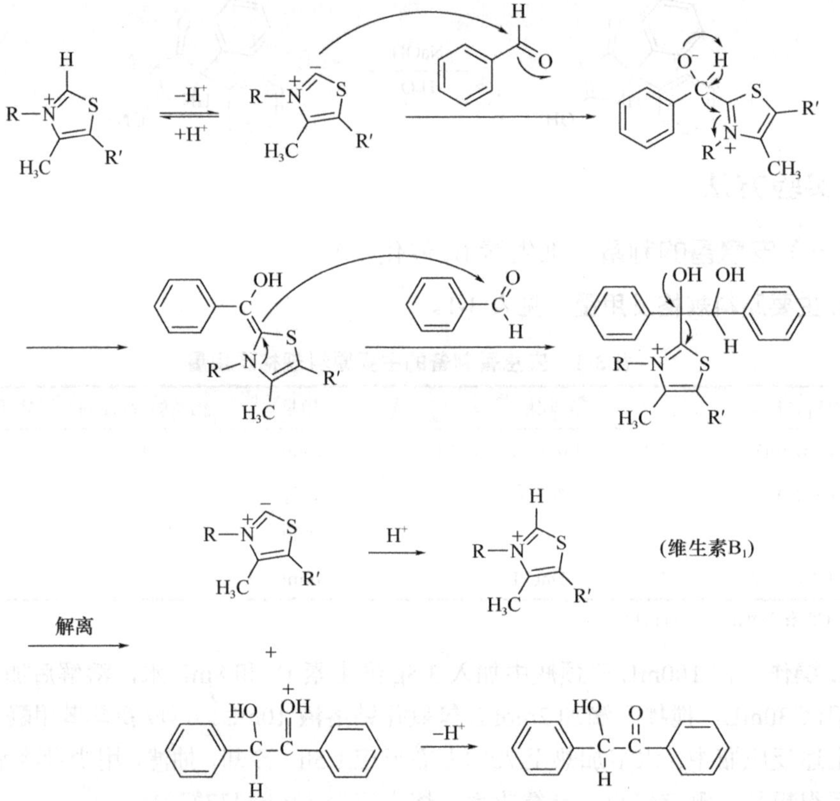

（二）二苯乙二酮的制备

方法 A：硝酸氧化法

1. 主要原料规格及用量　见表 3-2。

表 3-2　硝酸氧化法主要原料规格及用量

原料名称	规格	用量	物质的量（mol）	物质的量比
安息香	上一步反应制备	8.5g	0.04	1.0
65%～68% 硝酸溶液	CP（*d* 为 1.40；bp 为 122℃）	25mL	0.37	9.3

2. 操作　取 8.5g 自制的安息香粗品和 25mL 65%～68% 硝酸溶液置于 100mL 圆底烧瓶中，安装冷凝器和气体连续吸收装置[1]，低压加热并搅拌，逐渐升高温度，直至二氧化氮逸去（1.5～2h）。反应完毕，在搅拌下趁热将反应液倒入盛有 70mL 温水的烧杯中，充分搅拌，直至油状物呈黄色结晶全部析出。抽滤，结晶用少量水洗涤，干燥，得粗品。用四氯化碳重结晶（1∶2），也可用乙醇重结晶（1∶25），熔点应为 94～96℃。

3. 预习　气体吸收装置的安装及操作。

4. 思考题　制备安息香时，为什么要控制反应温度使其逐渐升高？

5. 注意事项

[1] 硝酸为强氧化剂，使用时应避免与皮肤、衣服等接触，氧化过程中，硝酸被还原产生大量的二氧化氮气体，应使用气体连续吸收装置，避免二氧化氮气体逸至室内影响健康。

方法 B：三氯化铁氧化方法

1. 主要原料规格及用量　见表 3-3。

表 3-3　三氯化铁氧化方法主要原料规格及用量

原料名称	规格	用量	物质的量（mol）	物质的量比
安息香	上一步反应制备	2.5g	0.012	1.0
六水合三氯化铁（$FeCl_3 \cdot 6H_2O$）	CP	14g	0.052	4.3
冰醋酸	CP（d 为 1.05；bp 为 117～118℃）	15mL	—	—

2. 操作　在装有球形冷凝器的 250mL 圆底烧瓶中，依次加入六水合三氯化铁 14g[1]，冰醋酸 15mL，水 6mL，加热沸腾 5min。稍冷，加入安息香粗品 2.5g，加热回流 50min。稍冷，加水 50mL，加热至沸腾后，将反应液倾入 250mL 烧杯中，搅拌，放冷，析出黄色结晶，抽滤。结晶用少量水洗涤，干燥，粗品用 95% 乙醇溶液进行重结晶，计算收率，熔点应为 94～96℃。

3. 思考题　反应结束后加入 50mL 水，加热至沸腾的目的是什么？

4. 注意事项

[1] 催化安息香氧化成二苯乙二酮的氧化剂很多，用硝酸作氧化剂成本较低，但腐蚀性强，污染环境；用三氯化铁作氧化剂，操作安全、方便，收率高，产品质量好。

（三）苯妥英的制备[1]

1. 主要原料规格及用量　见表 3-4。

表 3-4　苯妥英制备的主要原料规格及用量

原料名称	规格	用量	物质的量（mol）	物质的量比
二苯乙二酮	上一步反应制备	8g	0.03	1.0

续表

原料名称	规格	用量	物质的量（mol）	物质的量比
尿素	CP	3g	0.05	1.7
氢氧化钠溶液	20%	25mL	—	—
乙醇溶液	95%	40mL	—	—
乙酸钠	CP	1g	—	—
盐酸溶液	15%	适量	—	—

2. 操作 在装有搅拌子及球型冷凝器的250mL圆底瓶中，投入二苯乙二酮8g，尿素3g，20%氢氧化钠溶液25mL，95%乙醇溶液40mL，开始搅拌，加热回流反应60min。反应完毕，反应液倾入250mL水中，加入1g乙酸钠，搅拌后放置1.5h，抽滤，滤除黄色二苯乙炔二脲沉淀[2]（或者加入活性炭，煮沸10min，放冷，抽滤）。滤液用15%盐酸溶液调pH至6，放置析出结晶，抽滤，结晶用少量水洗，得白色苯妥英粗品。熔点应为295～299℃。

3. 预习 苯妥英的性质。

4. 思考题

（1）在苯妥英的制备中，加入乙酸钠的作用是什么？

（2）制备苯妥英为什么在碱性条件下进行？

5. 注意事项

[1] 二苯乙二酮与尿素缩合制备苯妥英的反应机制

二苯羟乙酸型重排：

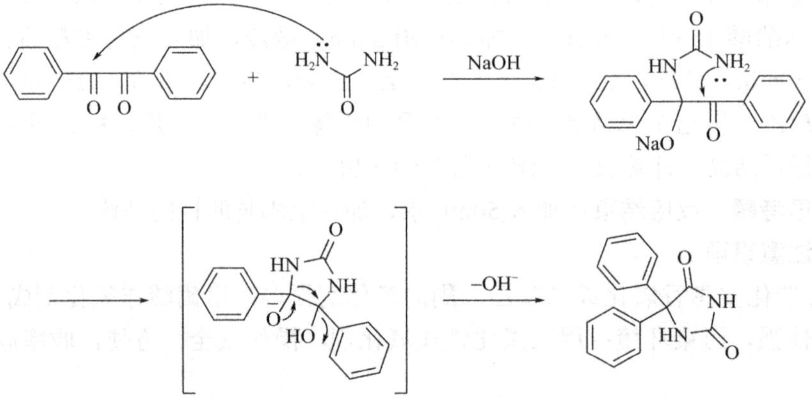

二苯乙醇型重排：

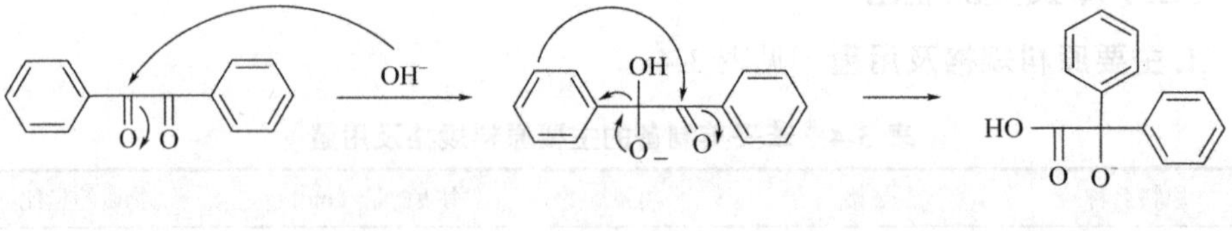

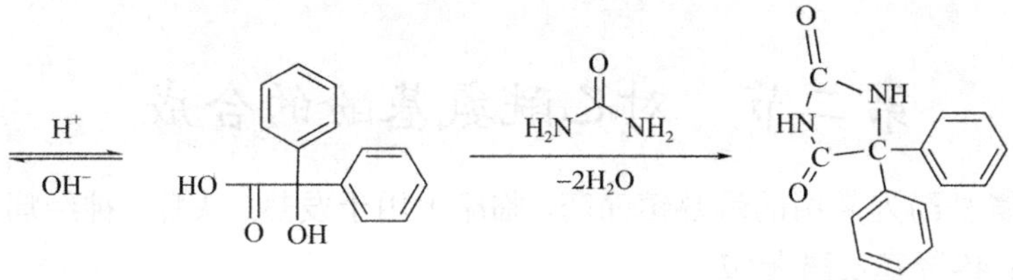

[2] 副反应：

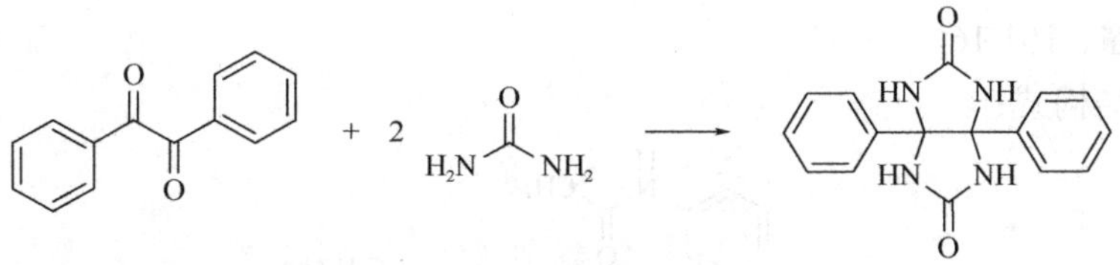

（四）苯妥英钠（成盐）的制备与精制

1. 操作　将苯妥英粗品置 100mL 烧杯中，按粗品与水为 1∶4 的比例加入水[1]，水浴加热至 40℃，加入 20% 氢氧化钠溶液至全溶，加活性炭少许，在搅拌下加热 5min，趁热抽滤，滤液加氯化钠至饱和。放冷，析出结晶，抽滤，少量冰水洗涤[2]，真空干燥得苯妥英钠，称重，计算收率。

2. 预习　重结晶及水做溶剂的重结晶操作。

3. 注意事项

[1] 制备钠盐时，水量稍多可使收率受到明显影响，要严格按比例加水。

[2] 苯妥英钠可溶于水及乙醇，洗涤时要少用溶剂，洗涤后要尽量抽干。

（五）结构确证

1. 红外吸收光谱法、标准物薄层色谱对照法。

2. 核磁共振波谱法。

第二节　对乙酰氨基酚的合成

对乙酰氨基酚为常用的解热镇痛药，临床上用于发热、头痛、神经痛、痛经等。

化学名：4′-羟基乙酰苯胺。

又名：醋氨酚，扑热息痛。

分子量：151.16。

化学结构式：

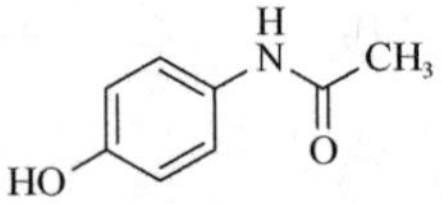

$C_8H_9NO_2$

本品为白色结晶或结晶性粉末，易溶于热水和乙醇，溶于丙酮，略溶于水。

一、目的要求

1. 掌握酰化反应的原理。

2. 掌握分馏原理及分馏操作。

3. 掌握对乙酰氨基酚的精制方法。

4. 熟悉化合物结构确证的常用方法。

二、实验原理

对乙酰氨基酚以对氨基酚为原料经乙酸酐或乙酸酰化反应制得。但乙酸酐的价格较贵，生产成本较高。本实验采用冰醋酸为酰化剂。

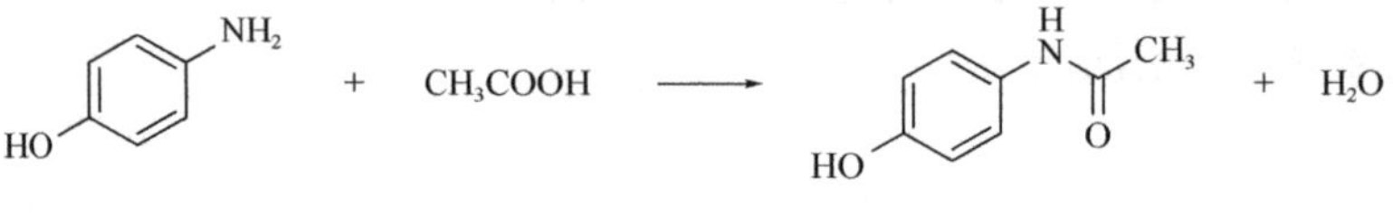

三、实验方法

（一）对乙酰氨基酚的制备

1. 主要原料规格及用量　见表 3-5。

表 3-5　对乙酰氨基酚制备的主要原料规格及用量

原料名称	规格	用量	物质的量（mol）	物质的量比
对氨基酚	CP	10.9g	0.10	1.0
冰醋酸	CP（*d* 为 1.045；bp 为 117℃）	14mL	0.24	2.4

2. 操作

（1）制备：100mL 圆底烧瓶中加入 10.9g 对氨基酚，14mL 冰醋酸，装短的刺形分馏柱，其上端装温度计、蒸馏头，再与冷凝管连接，通过尾接管与接收瓶相连成分馏装置。

低压加热反应液并搅拌，使反应物保持微沸状态回流 15min，然后逐渐升高温度，当温度计读数达到 90℃左右时，支管即有液体流出。维持温度在 90～100℃，反应约 0.5h，生成的水大部分被蒸出，此时温度计读数下降，表示反应已经完成。在搅拌下趁热将反应物倒入 40mL 冰水中[1]，有白色固体析出。冷却后抽滤。

（2）精制纯化：于 100mL 锥形瓶中加入粗品，每克粗品用 5mL 纯水加热使溶解，稍冷后加入粗品重量的 1%～2% 活性炭和 0.5g 亚硫酸钠[2]，脱色 10min，趁热过滤，滤液冷却析出结晶，抽滤。干燥后得对乙酰氨基酚，称重，计算收率，测定熔点，熔点应为 168～172℃。

3. 预习 分馏原理及分馏操作。

4. 思考题

（1）反应时为什么要控制分馏柱上端的温度在 90～100℃？

（2）根据理论计算，反应完成时应产生几毫升水？为什么实际收集的液体远多于理论量？

5. 注意事项

[1] 反应物冷却后，固体产物立即析出，沾在瓶壁不易处理。故须趁热在搅动下倒入冷水中以除去过量的乙酸及未反应的对氨基酚。

[2] 加入亚硫酸钠的目的是防止产物氧化。

（二）结构确证

波谱分析，取经干燥的精品适量，进行红外光谱、氢-1 核磁共振波谱（又称核磁共振氢谱）分析以确证本品的结构。

第三节 磺胺醋酰钠的合成

磺胺乙酰钠用于治疗结膜炎、沙眼及其他眼部感染。

化学名：*N*-[(4-氨基苯基)-磺酰基] 醋酰胺钠盐一水合物。

分子量：254.24。

化学结构式：

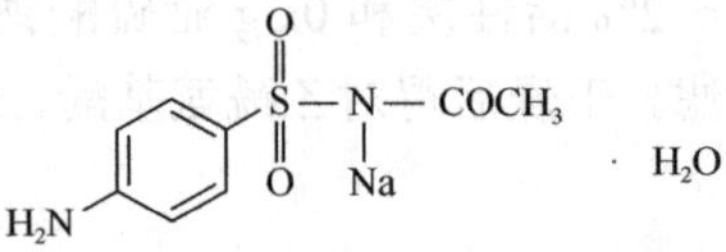

$C_8H_9N_2NaO_3S \cdot H_2O$

本品为白色结晶性粉末；无臭味，味微苦；易溶于水，微溶于乙醇、丙酮。

一、目的要求

1. 通过磺胺醋酰钠的合成，了解用控制 pH、温度等反应条件纯化产品的方法。

2. 加深对磺胺类药物一般理化性质的认识。

二、实验原理

以磺胺为原料，在碱性条件下进行乙酰化反应即制得磺胺醋酰钠，通过调节 pH 纯化产物得纯品。合成路线如下。

1. 乙酰化反应［磺胺醋酰（SA）的制备］

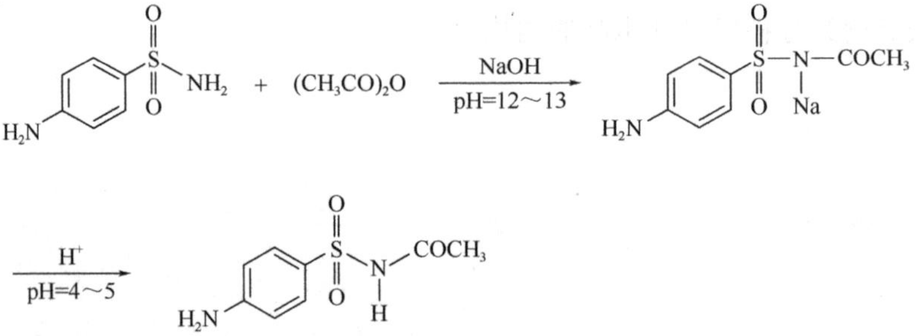

2. 成盐反应（磺胺醋酰钠的制备）

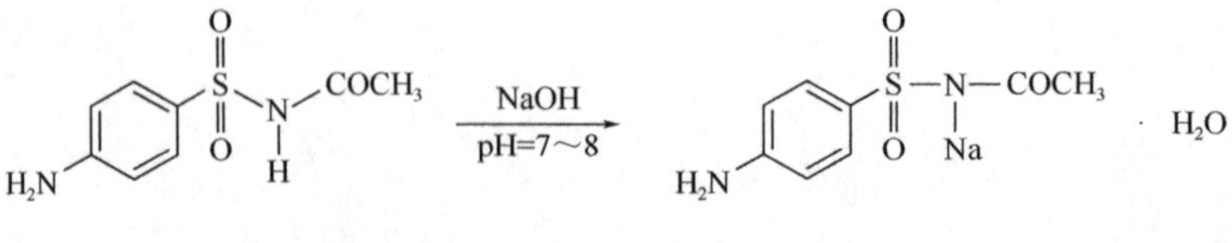

三、实验方法

（一）磺胺醋酰的制备

1. 主要原料规格及用量 见表 3-6。

表 3-6 磺胺醋酰制备的主要原料规格及用量

原料名称	规格	用量	物质的量（mol）	物质的量比
磺胺	CP	17.2g	0.10	1.0
乙酸酐	CP	13.6mL	0.14	1.4
氢氧化钠溶液	22.5%	22mL	0.11	1.1
氢氧化钠溶液	43.5%	12.5mL	0.14	1.4

2. 操作 在装有搅拌子及温度计的 100mL 三颈瓶中，加入磺胺 17.2g，22.5% 氢氧化钠溶液 22mL，在搅拌下加热至 50℃左右。待磺胺溶解后，分次加入乙酸酐 13.6mL、43.5% 氢氧化钠溶液 12.5mL（首先，滴加乙酸酐 3.6mL，5min 后加入 43.5% 氢氧化钠溶液 2.5mL 并保持反应液 pH 为 12～13，随后，将剩余的乙酸酐和 43.5% 氢氧化钠溶液分 5 次交替加入，每次间隔 5min，每次各 2mL，因为放热，加乙酸酐时用滴加法，2mL 的氢氧化钠溶液可一次加入）[1]。加料期间反应温度维持在 50～55℃；加料完毕继续保持此温度反应 30min。反应完毕，停止搅拌，将反应液倾入 250mL 烧杯中，加水 20mL 稀释，用 36% 盐酸溶液调至 pH=7，于冷水浴中放置 1h，抽滤除去固体。滤液用 36% 盐酸溶液调 pH 至 4～5[2]（调 pH 时多搅拌，缓慢滴加盐酸溶液），抽滤，得白色粉末。

用 3 倍量（*V/w*）10% 盐酸溶液溶解得到的白色粉末，搅拌均匀后，放置 30min，使单乙酰物反应生成盐酸盐溶解，抽滤除去不溶物。滤液加少量活性炭室温脱色 10min，抽滤。滤液用 43.5% 氢氧化钠溶液调 pH 至 5，析出磺胺醋酰，抽滤，干燥，测熔点，熔点应为 179～184℃。若产品不合格，可用热水（1∶15）重结晶。

3. 预习

（1）酰化反应的反应机制。

（2）磺胺类药物的结构特点及理化性质。

4. 思考题

（1）酰化液处理的过程中，pH 为 7 时析出的固体是什么？ pH 为 5 时析出的固体是什么？ 10% 盐酸溶液中的不溶物是什么？为什么？试写出在不同 pH 时分离产物的流程图。

（2）反应碱性过强其结果为磺胺较多，磺胺醋酰次之，双乙酰物较少；碱性过弱其结果为双乙酰物较多，磺胺醋酰次之，磺胺较少，为什么？

5. 注意事项

[1] 在反应过程中交替加料很重要，以使反应液始终保持在一定的 pH 下（pH 12～13）。

[2] 按实验步骤严格控制每步反应的 pH，以利于除去杂质。

（二）磺胺醋酰钠的制备

1. 主要原料规格及用量 见表 3-7。

表 3-7 磺胺醋酰钠制备的主要原料规格及用量

原料名称	规格	用量	物质的量（mol）	物质的量比
磺胺醋酰	自制	上步得量	—	—
氢氧化钠溶液	22.5%	适量	—	—

2. 操作 将磺胺醋酰置于 50mL 烧杯中，滴加少量水润湿，于水浴上加热至 90℃后滴加 22.5% 氢氧化钠溶液[1]至固体恰好溶解，溶液 pH 为 7～8，冰盐浴冷却析出结晶，抽滤（用丙酮转移），压干，干燥，计算收率。

3. 注意事项

[1] 将磺胺醋酰制成钠盐时，应严格控制 22.5% 氢氧化钠溶液的用量。因磺胺醋酰钠水溶性大，由磺胺醋酰制备其钠盐时若 22.5% 氢氧化钠溶液的量过多，则损失很大。必要时可加少量丙酮，使磺胺醋酰钠析出。

（三）结构确证

红外吸收光谱法、标准物薄层色谱对照法，核磁共振波谱法。

第四节 硝苯地平的合成（对称性二氢吡啶类药物）

硝苯地平为选择性钙通道阻滞剂，临床上用于治疗高血压、心绞痛等心脑血管疾病。

化学名：2,6-二甲基-4-(2-硝基苯基)-1,4-二氢-3,5-吡啶二甲酸二甲酯。

分子量：346.34。

化学结构式：

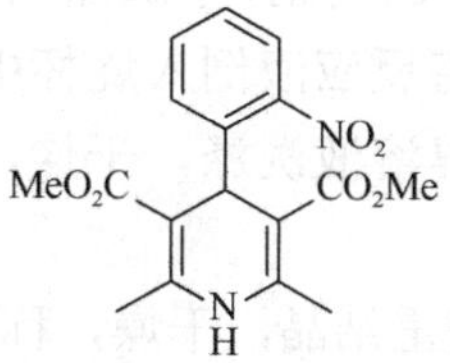

$C_{17}H_{18}N_2O_6$

本品为黄色无臭无味的结晶粉末，遇光不稳定。极易溶于丙酮、二氯甲烷、三氯甲烷，溶于乙酸乙酯，微溶于甲醇、乙醇，几乎不溶于水。

一、目的要求

1. 掌握二氢吡啶类药物的合成原理与方法。

2. 熟悉回流、减压抽滤等基本操作。

3. 了解薄层色谱法跟踪反应进程的方法。

二、实验原理

硝苯地平通常采用Hantzsch反应“一锅法”合成，以邻硝基苯甲醛、乙酰乙酸甲酯、浓氨水为原料，在甲醇中回流得到。具体合成路线如下：

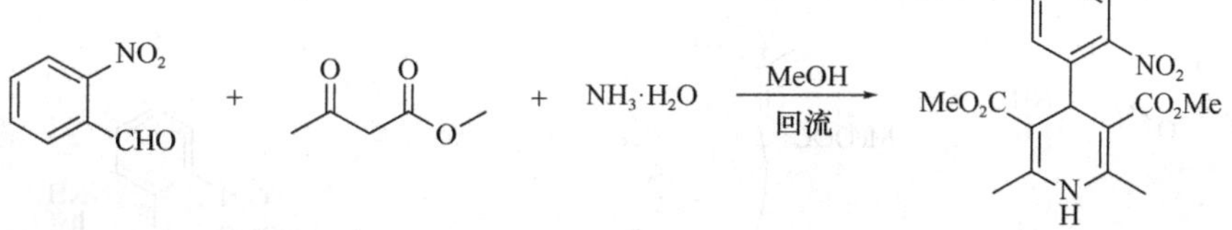

三、实验方法

1. 主要原料规格及用量 见表3-8。

表3-8 硝苯地平合成的主要原料规格及用量

原料名称	规格	用量	物质的量（mol）	物质的量比
邻硝基苯甲醛	CP	5g	0.033	1.0
乙酰乙酸甲酯	CP	9mL	0.083	2.5

续表

原料名称	规格	用量	物质的量（mol）	物质的量比
浓氨水	CP	15mL	0.39	11.8
甲醇	CP	20mL	0.49	14.9

2. 操作

（1）制备：在配有电磁搅拌子、回流冷凝管（气体吸收装置）、温度计的 100mL 三颈瓶中，依次加入邻硝基苯甲醛 5g（0.033mol）、乙酰乙酸甲酯 9mL（0.083mol）、甲醇 20mL、浓氨水 15mL，搅拌下加热回流反应 2h（反应过程中用薄层色谱跟踪反应进程）。反应毕，将反应液倒入烧杯中冷却至 5℃以下，析出大量结晶，抽滤，滤饼用少量 95% 乙醇溶液洗涤，干燥，得浅黄色硝苯地平粗品，熔点应为 171～175℃。

（2）精制：粗品以 95% 乙醇溶液重结晶，干燥，称重，计算收率。

（3）鉴定：测定熔点。

3. 预习

（1）吸收反应中逸出氨气的装置。

（2）跟踪反应进程，确定反应终点方法。

4. 思考题

（1）用 95% 乙醇溶液洗涤滤饼的目的是什么？ 95% 乙醇溶液用量的多少对实验有什么影响？

（2）跟踪反应进程，常用的方法有哪些？

5. 注意事项 反应机制：氨和一分子乙酰乙酸甲酯反应生成 *β*-氨基巴豆酸甲酯，邻硝基苯甲醛和一分子乙酰乙酸甲酯反应生成 2-(2-硝基亚苄基) 乙酰乙酸甲酯，*β*-氨基巴豆酸甲酯与 2-(2-硝基亚苄基) 乙酰乙酸甲酯发生迈克尔（Micheal）加成，并进一步脱水得到硝苯地平。

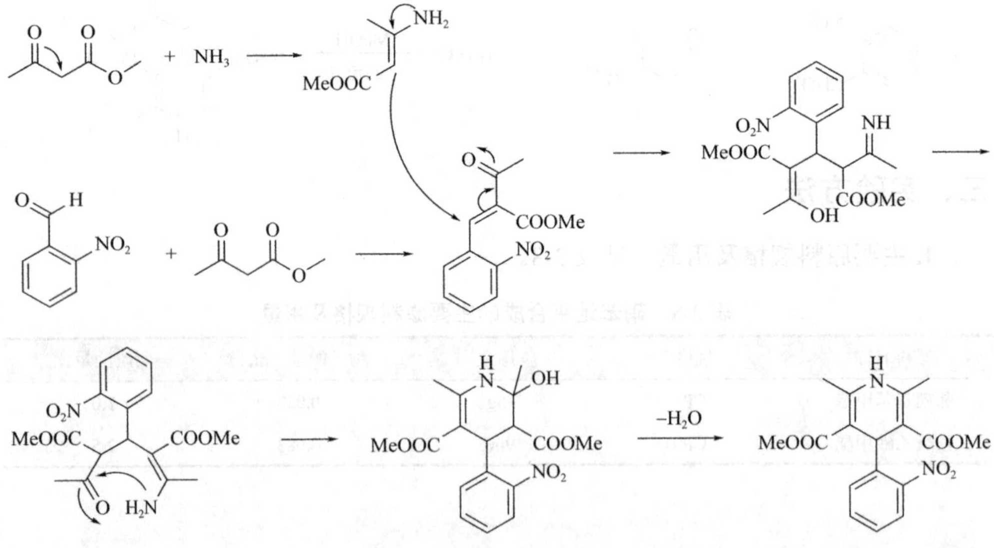

第五节　盐酸普鲁卡因的合成

盐酸普鲁卡因为局部麻醉药，作用强，毒性低。临床上常用其盐酸盐做成针剂使用，它是应用较广的一种局部麻醉药，主要用于浸润麻醉、脊椎麻醉及传导麻醉。

化学名称：4-氨基苯甲酸-2-(二乙胺基) 乙酯盐酸盐。

分子量：272.77。

化学结构式：

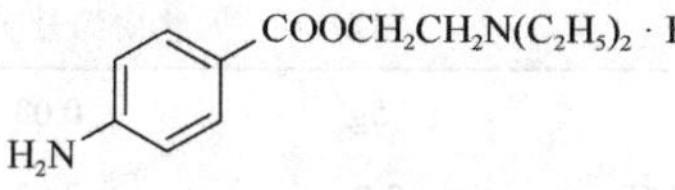

$C_{13}H_{20}N_2O_2 \cdot HCl$

本品为白色细微针状结晶或结晶性粉末，无臭，味微苦而麻。熔点为 154～157℃；易溶于水，溶于乙醇，微溶于三氯甲烷，几乎不溶于乙醚。

一、目的要求

1. 通过局部麻醉药盐酸普鲁卡因的合成，学习酯化、还原等单元反应。

2. 掌握利用水和二甲苯共沸脱水的原理和分水器的作用及操作方法。

3. 掌握水溶性大的盐类用盐析法进行分离及精制的方法。

4. 熟悉化合物结构确证的常用方法，并用红外光谱、核磁共振氢谱确证本品的结构。

二、实验原理

以对硝基苯甲酸为原料经酯化得对硝基苯甲酸-*β*-二乙胺基乙酯（硝基卡因），再经还原、成盐即制得盐酸普鲁卡因。合成路线如下。

1. 酯化反应（硝基卡因的制备）

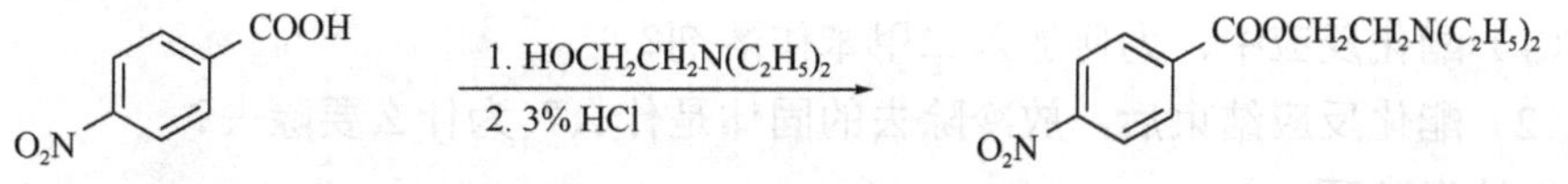

2. 还原反应［4-氨基苯甲酸-2-(二乙胺基) 乙酯的制备］

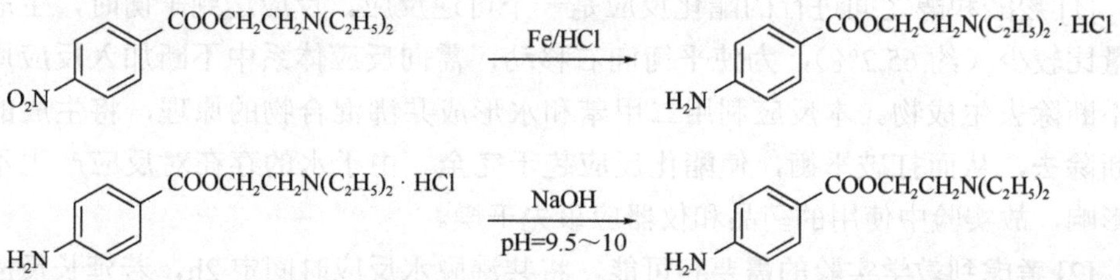

3. 精制成盐（盐酸普鲁卡因的制备）

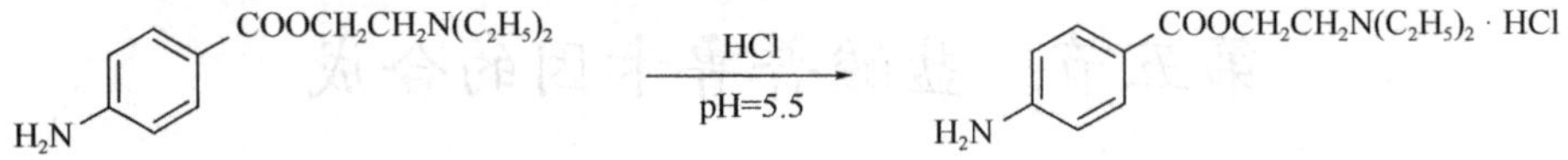

三、实验方法

（一）硝基卡因的制备（酯化反应）

1. 主要原料规格及用量 见表3-9。

表3-9 硝基卡因制备（酯化反应）主要原料规格及用量

原料名称	规格	用量	物质的量（mol）	物质的量比
对硝基苯甲酸	CP	5g	0.03	1.0
β-二乙胺基乙醇	CP（*d* 为 0.88；bp 为 163℃）	3.7g	0.03	1.0
二甲苯	CP（*d* 为 0.86；bp 为 136～144℃）	37.5mL	—	—
盐酸溶液	3%	35mL	—	—

2. 操作 在装有搅拌子、温度计、分水器及回流冷凝器的100mL三颈瓶中，投入对硝基苯甲酸5g、*β*-二乙胺基乙醇3.7g、二甲苯[1]37.5mL，加热至回流（注意控制温度，三颈瓶内温度约为145℃），共沸脱水2h[2]。停止加热，稍冷，将反应液倒入100mL锥形瓶中，放置冷却，析出固体。将上清液用倾泻法转移至减压蒸馏烧瓶中，水泵减压蒸除二甲苯（加2粒沸石，防止暴沸），残留物以3%盐酸溶液35mL溶解，并与锥形瓶中的固体合并，抽滤，除去未反应的对硝基苯甲酸[3]，滤液（含硝基卡因）备用。

3. 预习

（1）有关酯类化合物的合成方法，结合本实验，比较各方法之间的优缺点。

（2）分水器的作用及操作。

4. 思考题

（1）酯化反应中，为何加入二甲苯作溶剂？

（2）酯化反应结束后，放冷除去的固体是什么？为什么要除去？

5. 注意事项

[1] 羧酸和醇之间进行的酯化反应是一个可逆反应。反应达到平衡时，生成酯的量比较少（约65.2%），为使平衡向右移动，需向反应体系中不断加入反应原料或不断除去生成物。本反应利用二甲苯和水形成共沸混合物的原理，将生成的水不断除去，从而打破平衡，使酯化反应趋于完全。由于水的存在对反应产生不利的影响，故实验中使用的药品和仪器应事先干燥。

[2] 考虑到教学实验的需要和可能，将共沸脱水反应时间定2h，若延长反应时间，收率可进一步提高。

[3] 对硝基苯甲酸应除尽，否则影响产品质量。

（二）硝基卡因的制备（还原反应）

1. 主要原料规格及用量　见表 3-10。

表 3-10　硝基卡因制备（还原反应）主要原料规格及用量

原料名称	规格	用量	物质的量（mol）	物质的量比
硝基卡因盐酸溶液	上步反应制备	上步得量	—	—
铁粉	—	8.75g	0.16	—

2. 操作　将上步得到的滤液转移至装有搅拌子、温度计的 100mL 三颈瓶中，搅拌下用 20% 氢氧化钠溶液调 pH 为 4.0～4.2。充分搅拌下，于 25℃分次[1]加入 8.75g 已活化的铁粉[2]，约 0.5h 加毕，反应温度自动上升，注意控制温度不超过 70℃（必要时可冷却），待铁粉加毕，于 40～45℃保温反应 1.5h 至溶液转变成棕黑色。抽滤，滤渣用少量水洗涤 2 次（每次 10mL），滤液用稀盐酸（10%）酸化至 pH 为 5。滴加饱和硫化钠溶液调 pH 至 7.8～8.0，沉淀反应液中的铁盐，抽滤，滤渣以少量水洗涤 2 次，滤液用稀盐酸酸化至 pH 为 6。加少量（一匙）活性炭[3]，于 50～60℃保温反应 10min，抽滤，滤渣用少量水洗涤 1 次，将滤液用冰水浴冷却至 10℃以下，用 20% 氢氧化钠溶液碱化至普鲁卡因全部析出（pH 9.5～10.5），抽滤，得普鲁卡因盐基，备用。

3. 预习

（1）有关硝基还原制备氨基的反应。

（2）产物分离纯化的过程。

4. 思考题

（1）在盐酸普鲁卡因的制备中，为何用对硝基苯甲酸为原料先酯化，然后再进行还原？能否反之，先还原后酯化，即以对氨基苯甲酸为原料进行酯化？为什么？

（2）在铁粉还原过程中，为什么会发生颜色变化？说出其反应机制。

（3）还原反应结束，为什么要加入硫化钠？

5. 注意事项

[1] 还原反应系放热反应，铁粉必须分次加入，以免反应剧烈，加完后，温度自然上升，保持在 45℃左右为宜，并注意反应颜色的变化（绿—棕—黑），若不转变成棕黑色，表示反应尚未完全。可补加适量活化铁粉，继续反应一段时间。

[2] 铁粉活化的目的是除去其表面的铁锈，方法：取铁粉 35g，加水 100mL，浓盐酸 0.6mL，加热至微沸，用水倾泻法洗至近中性，置水中保存待用。

[3] 除铁盐时，因溶液中有过量的硫化钠存在，加酸后可使其形成胶体硫，加活性炭后过滤，便可使其除去。

（三）盐酸普鲁卡因的制备（成盐与精制）

1. 主要原料规格及用量 见表 3-11。

表 3-11 盐酸普鲁卡因制备（成盐与精制）的主要原料规格及用量

原料名称	规格	用量	物质的量（mol）	物质的量比
普鲁卡因盐基	上一步反应制备	上步所得	—	—
浓盐酸	CP	适量	—	—
氯化钠	精制品	适量至饱和	—	—
保险粉	CP	适量	—	—

2. 操作

（1）成盐：将制得的普鲁卡因盐基置于干燥[1]的小烧杯中，外用冰水浴冷却，慢慢滴加浓盐酸至 pH 为 5.5[2]，加热至 50℃，加氯化钠至饱和，升温至 60℃，加入适量保险粉（约为盐基重量的 0.5%），再加热至 65～70℃，趁热过滤，滤液冷却结晶，待冷至 10℃以下，抽滤，即得盐酸普鲁卡因粗品。

（2）精制：将粗品置于干燥烧杯中，维持在 70℃时滴加蒸馏水至恰好溶解（加粗品 1.5 倍的水）。加入适量的保险粉[3]，于 70℃保温反应 10min，趁热过滤，滤液自然冷却，当有结晶析出时，外用冰水浴冷却，使结晶析出完全。抽滤，滤饼用少量冷乙醇洗涤 2 次，干燥，得盐酸普鲁卡因，计算收率，熔点应为 154～157℃。

3. 思考题 在盐酸普鲁卡因成盐和精制时，为什么要加入保险粉？解释其原理。

4. 注意事项

[1] 盐酸普鲁卡因水溶性很好，所用仪器必须干燥，用水量需严格控制，否则影响收率。

[2] 严格掌握溶液 pH 为 5.5，以免芳氨基成盐。

[3] 保险粉，化学名为连二亚硫酸钠，为强还原剂，可防止芳氨基氧化，同时可除去有色杂质，以保证产品色泽洁白，若用量过多，则成品含硫量不合格。

（四）结构确证

取经干燥的精品适量，进行红外光谱、核磁共振氢谱操作并对图谱进行解析以确证本品的结构。

第六节　苯佐卡因的合成

苯佐卡因为局部麻醉药，外用为撒布剂，用于手术后创伤止痛、溃疡痛、一般性痒等。

化学名：对氨基苯甲酸乙酯。

分子量：165.19。

化学结构式：

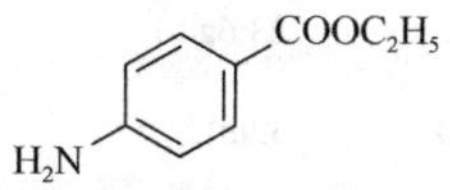

$C_9H_{11}NO_2$

本品为白色结晶性粉末，味微苦而麻；熔点为88～91℃；易溶于乙醇，极微溶于水。

一、目的要求

1. 通过苯佐卡因的合成，了解药物合成的基本过程。

2. 掌握氧化、酯化和还原反应的原理及基本操作。

二、实验原理

1. 氧化反应（对硝基苯甲酸的制备）

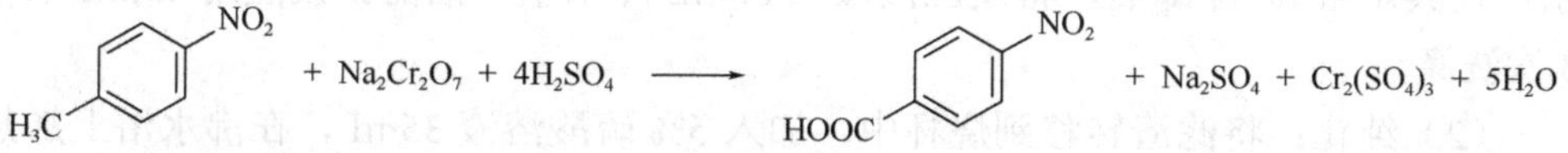

2. 酯化反应（对硝基苯甲酸乙酯的制备）

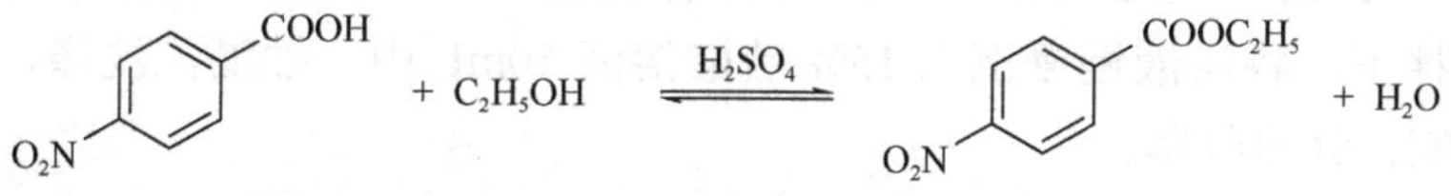

3. 还原反应（对氨基苯甲酸乙酯的制备）

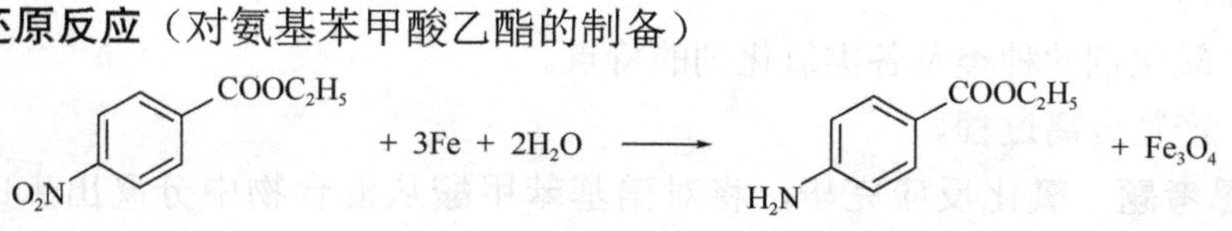

三、实验方法

（一）对硝基苯甲酸的制备（氧化反应）

1. 主要原料规格及用量 见表 3-12。

表 3-12 对硝基苯甲酸制备（氧化反应）的主要原料规格及用量

原料名称	规格	用量	物质的量（mol）	物质的量比
对硝基甲苯	CP	8g	0.06	1.0
重铬酸钠（含2个结晶水）	CP	23.6g	0.08	1.4
浓硫酸	CP（*d* 为 1.84；98.3%）	32mL	—	—
硫酸溶液	5%	35mL	—	—
硫酸溶液	15%	50mL	—	—
氢氧化钠溶液	5%	70mL	—	—

2. 操作

（1）制备：在装有搅拌子和球形冷凝器的250mL三颈瓶中，加入重铬酸钠（含2个结晶水）23.6g，水 50mL，开动搅拌，待重铬酸钠溶解后，加入对硝基甲苯8g，用滴液漏斗滴加 32mL 浓硫酸。滴加完毕，加热，保持反应液微沸 60～90min（反应过程中，球形冷凝器中可能有白色针状的对硝基甲苯析出，可适当关小冷凝水，使其熔融）。冷却后，将反应液倾入 80mL 冷水中，抽滤。残渣用 45mL 水分 3 次洗涤。

（2）纯化：将滤渣转移到烧杯中，加入 5% 硫酸溶液 35mL，在沸水浴上加热10min，并不时搅拌，冷却后抽滤，滤渣溶于温热的 5% 氢氧化钠溶液 70mL 中，在 50℃左右抽滤[1]，滤液加入活性炭 0.5g 脱色（5～10min），趁热抽滤。冷却，在充分搅拌下，将滤液慢慢倒入 15% 硫酸溶液 50mL 中，抽滤，洗涤，干燥得对硝基苯甲酸，计算收率。

3. 预习

（1）氧化剂的种类及各类氧化剂的特点。

（2）产物分离过程。

4. 思考题 氧化反应完毕，将对硝基苯甲酸从混合物中分离出来的原理是什么？

5. 注意事项

[1] 用 5% 氢氧化钠溶液处理滤渣时，温度应保持在 50℃左右，若温度过低，对硝基苯甲酸钠会析出而被滤去。

（二）对硝基苯甲酸乙酯的制备（酯化反应）

1. 主要原料规格及用量 见表 3-13。

表 3-13 对硝基苯甲酸乙酯制备的主要原料规格及用量

原料名称	规格	用量	物质的量（mol）	物质的量比
对硝基苯甲酸	上步反应制备	6g	0.036	1
无水乙醇	CP（*d* 为 0.79；bp 为 78.5℃）	24mL	0.412	11.45
浓硫酸	CP（*d* 为 1.84；98.3%）	2mL	—	—
碳酸钠溶液	5%	10mL	—	—

2. 操作 在干燥的 100mL 圆底瓶中加入对硝基苯甲酸 6g，无水乙醇 24mL，逐渐加入浓硫酸 2mL，振摇使混合均匀，装上附有氯化钙干燥管的球形冷凝器[1]，加热回流 80min；稍冷，将反应液倾入 100mL 水中[2]，抽滤；滤渣移至乳钵中，研细，加入 5% 碳酸钠溶液 10mL（由 0.5g 碳酸钠和 10mL 水配成），研磨 5min，测 pH（检查反应物是否呈碱性），抽滤，用少量水洗涤，干燥，计算收率。

3. 预习

（1）有关酯类化合物的合成方法，结合本实验，比较各方法之间的优缺点。

（2）粗产物的分离过程。

4. 思考题 酯化反应为什么需要无水操作？

5. 注意事项

[1] 酯化反应须在无水条件下进行，如有水进入反应系统中，收率将降低。无水操作的要点：原料干燥无水；所用仪器、量具干燥无水；反应期间避免水进入反应瓶。

[2] 对氨基苯甲酸乙酯及少量未反应的对硝基苯甲酸均溶于乙醇，但均不溶于水。反应完毕，将反应液倾入水中，乙醇浓度降低，对硝基苯甲酸及对硝基苯甲酸乙酯便会析出。这种分离产物的方法称为稀释法。

（三）对氨基苯甲酸乙酯的制备（还原反应）

1. 主要原料规格及用量 见表 3-14。

表 3-14 对氨基苯甲酸乙酯制备（还原反应）A 法的主要原料规格及用量

原料名称	规格	用量	物质的量（mol）	物质的量比
对硝基苯甲酸乙酯	上步反应制备	5g	0.026	1.0
铁粉	—	4.3g	0.078	3.0
氯化铵	CP	0.7g	0.013	0.5
三氯甲烷	CP	40mL	—	—
盐酸溶液	5%	90mL	—	—
氢氧化钠溶液	40%	适量	—	—

2. 操作

A 法：在装有搅拌棒及球形冷凝器的 100mL 三颈瓶中，加入水 25mL，氯化铵 0.7g，铁粉 4.3g，加热至微沸，活化 10min。稍冷，慢慢加入对硝基苯甲酸乙酯 5g，充分剧烈搅拌[1]，回流反应 90min。待反应液冷至 40℃左右，加入少量碳酸钠饱和溶液调 pH 至 7～8，加入 30mL 三氯甲烷，搅拌 3～5min，抽滤[2]；用 10mL 三氯甲烷洗三颈瓶及滤渣，抽滤，合并滤液，倾入 100mL 分液漏斗中，静置分层，弃去水层，三氯甲烷层用 5% 盐酸溶液 90mL 分 3 次萃取，合并萃取液（三氯甲烷回收），用 40% 氢氧化钠溶液调 pH 至 8，析出结晶，抽滤，得苯佐卡因粗品，计算收率。

B 法：在装有搅拌棒及球形冷凝器的 250mL 三颈瓶中，加入 35mL 水，2.5mL 冰醋酸和已处理过的铁粉 8.6g，开动搅拌，加热至 95～98℃反应 10min，稍冷，加入对硝基苯甲酸乙酯 6g 和 95% 乙醇溶液 35mL，在剧烈搅拌下，回流反应 90min。稍冷，在搅拌下，分次加入温热的碳酸钠饱和溶液（由碳酸钠 3g 和水 30mL 配成），搅拌片刻，立即抽滤（布氏漏斗需预热），滤液冷却后析出结晶，抽滤，产品用稀乙醇洗涤，干燥得粗品。

3. 预习 有关硝基还原制备氨基的反应，结合本实验，思考为何选择用铁粉还原。

4. 注意事项

[1] 还原反应中，因铁粉比重大，沉于瓶底，必须将其搅拌起来，才能使反应顺利进行，故充分剧烈搅拌是铁粉还原反应的重要因素。B 法中所用的铁粉需预处理，方法：称取铁粉 35g，加水 100mL、浓盐酸 0.6mL，加热至微沸，用水倾泻法洗至近中性，置水中保存待用。

[2] 为避免三氯甲烷损失，抽滤时要少量多次，及时移出滤液放入带塞的分液漏斗。

（四）精制

将粗品置于装有球形冷凝器的 100mL 圆底瓶中，加入 10～15 倍（*V/w*）50% 乙醇溶液，在水浴上加热溶解。稍冷，加入活性炭脱色（活性炭用量视粗品颜色而定），加热回流 20min，趁热抽滤（布氏漏斗、抽滤瓶应预热）。将滤液趁热转移至烧杯中，自然冷却，待结晶完全析出后，抽滤，用少量 50% 乙醇溶液洗涤 2 次，压干，干燥，计算收率，熔点应为 88～91℃。

（五）结构确证

红外吸收光谱法、标准物薄层色谱对照法、核磁共振光谱法。

第七节　贝诺酯的合成

贝诺酯为一种新型解热镇痛抗炎药，是由阿司匹林（乙酰水杨酸）和对乙酰氨基酚（扑热息痛）经拼合原理制成，它既保留了原药的解热镇痛功能，又减小了原药的不良反应，并有协同作用。本品适用于急、慢性风湿性关节炎，风湿痛，感冒发热，头痛及神经痛等。

化学名：4-乙酰氨基苯基乙酰水杨酸酯。

分子量：313.31。

又名：扑炎痛。

化学结构式：

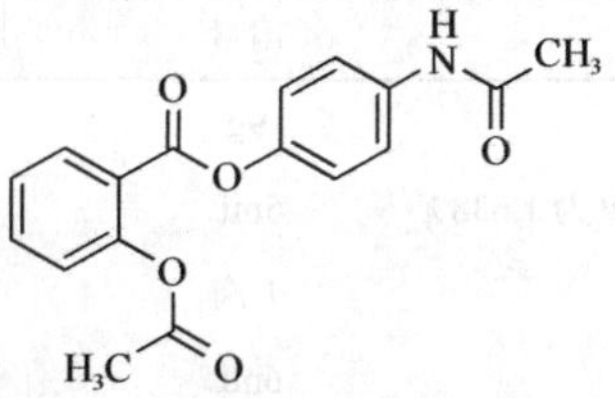

$C_{17}H_{15}NO_5$

本品为白色结晶性粉末，无臭无味；熔点为177～181℃；不溶于水，微溶于乙醇，溶于三氯甲烷、丙酮。

一、目的要求

1. 通过乙酰水杨酰氯的制备，掌握无水操作的技能。

2. 通过本实验了解拼合原理在药物化学中的应用，了解酯化反应在药物化学结构修饰中的应用。

3. 通过本实验了解 Schotten-Baumann 酯化反应原理。

二、实验原理

以阿司匹林为原料制得的乙酰水杨酰氯与对乙酰氨基酚钠发生 Schotten-Baumann 酯化反应得到贝诺酯。合成路线如下。

1. 成酰氯的反应

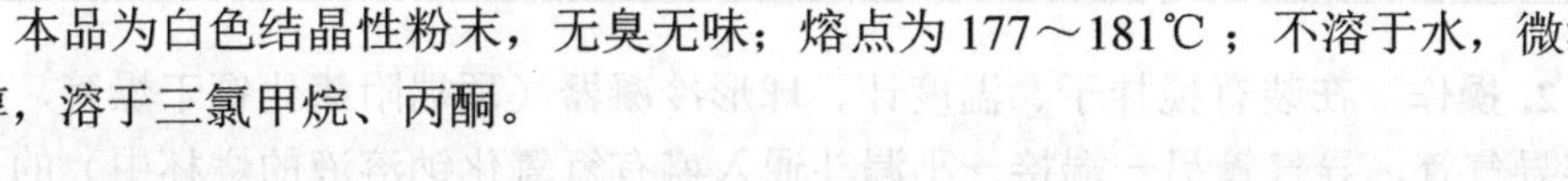

2. 成酚钠的反应

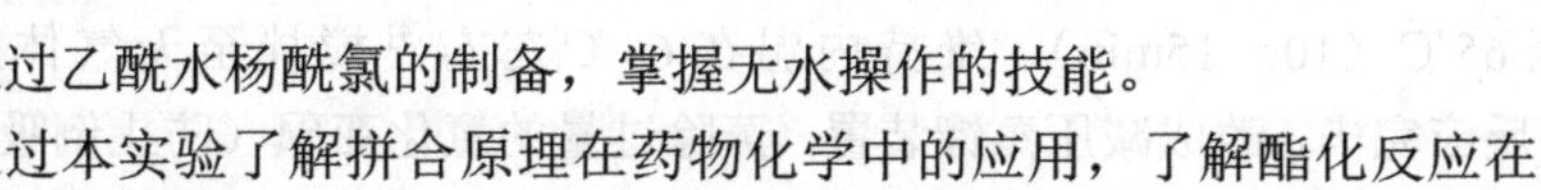

3. 酯化反应

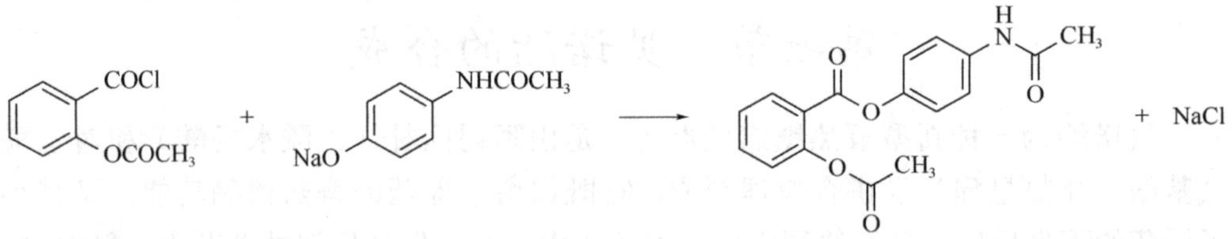

三、实验方法

（一）乙酰水杨酰氯的制备

1. 原料规格与用量 见表 3-15。

表 3-15 乙酰水杨酰氯制备的原料规格与用量

原料名称	规格	用量	物质的量（mol）	物质的量比
阿司匹林	自制	9g	0.05	1
氯化亚砜	CP（bp 为 78.8℃；*d* 为 1.638）	5mL	0.05	1
吡啶	CP	1 滴	—	—
无水丙酮	AR	6mL	—	—

2. 操作 在装有搅拌子、温度计、球形冷凝器（顶端附氯化钙干燥管，干燥管连导气管，导气管另一端接一小漏斗通入盛有氢氧化钠溶液的烧杯中）的干燥的 150mL 三颈瓶中[1]，依次加入阿司匹林 9g，吡啶 1 滴[2]，氯化亚砜 5mL[3]，缓慢加热至 65℃（10～15min），维持内温在 65℃左右[4]搅拌至无气体放出（约 70min）。反应完毕，改成减压蒸馏装置，蒸除过量的氯化亚砜（防止倒吸）。冷却，得乙酰水杨酰氯，加入无水丙酮 6mL，将反应液倾入干燥的 100mL 滴液漏斗中，混匀，密闭备用。

3. 预习

（1）无水操作及反应中产生的有害气体的常用吸收方法。

（2）乙酰水杨酰氯制备的操作上应注意的事项。

4. 思考题 简述由羧酸制备酰氯的常用反应及制备酯的常用方法。

5. 注意事项

[1] 氯化亚砜是由羧酸制备酰氯最常用的氯化试剂，不仅价格便宜而且沸点低，生成的副产物均为挥发性气体，故所得酰氯产品易于纯化。氯化亚砜遇水可分解为二氧化硫和氯化氢，因此所用仪器均需干燥；加热时不能用水浴。反应用阿司匹林需在 60℃干燥 4h。

[2] 吡啶作为催化剂，用量不宜过多，否则影响产品的质量。制得的酰氯不应久置。

[3] 为便于搅拌，观察内温，使反应更趋完全，可增加氯化亚砜量至 6～7mL。

[4] 反应内温以 65℃左右为佳。

（二）贝诺酯的制备（酯的制备）

1. 原料规格与用量 见表 3-16。

表 3-16 贝诺酯制备（酯的制备）的原料规格与用量

原料名称	规格	用量	物质的量（mol）	物质的量比
对乙酰氨基酚钠	自制	8.6g	0.057	1.1
氢氧化钠	CP	3.3g	0.078	1.7
乙酰水杨酰氯	自制	9.9g	0.05	1.0

2. 操作

（1）在装有搅拌子、滴液漏斗及温度计的 150mL 的三颈瓶中，加入对乙酰氨基酚的 8.6g，水 50mL。冰水浴冷至 10℃左右，在搅拌下于 10～15℃滴加氢氧化钠溶液 18mL（3.3g 氢氧化钠加 18mL 水配成，用滴管滴加）。滴加完毕，降温，于 8～12℃，在剧烈搅拌下，慢慢滴加制得的乙酰水杨酰氯丙酮溶液（在 20min 左右滴完）。滴加完毕，用 10% 盐酸溶液调 pH 为 9～10，控制温度在 20～25℃，继续搅拌反应 60min，抽滤，水洗至中性，得粗品，计算收率。

（2）精制：取粗品 5g 置于装有球形冷凝器的 100mL 圆底瓶中，加入 10 倍量（*w*/*V*）95% 乙醇溶液，加热溶解。稍冷，加活性炭脱色（活性炭用量视粗品颜色而定），加热回流 30min，趁热抽滤（布氏漏斗、抽滤瓶应预热）。将滤液趁热转移至烧杯中，自然冷却，待结晶完全析出，抽滤，压干；用少量乙醇洗涤 2 次（母液回收），干燥，得精品，计算收率，熔点应为 177～181℃。

3. 预习

（1）Schotten-Baumann 酯化反应。

（2）有机溶剂进行的重结晶操作。

4. 思考题

（1）贝诺酯的制备，为什么采用先制备对乙酰氨基酚钠，再与乙酰水杨酰氯进行酯化，而不直接酯化？

（2）通过本实验说明酯化反应在结构修饰上的意义。

（三）结构确证

标准物薄层色谱对照法、红外吸收光谱法、核磁共振波谱法。

第八节　亚硫酸氢钠甲萘醌的合成

亚硫酸氢钠甲萘醌具有凝血作用，主要用于凝血酶原过低和新生儿出血病的防治。

化学名：1,2,3,4-四氢-2-甲基-1,4-二氧-2-萘磺酸钠盐三水合物。

分子量：330.30。

又名：维生素 K_3。

化学结构式：

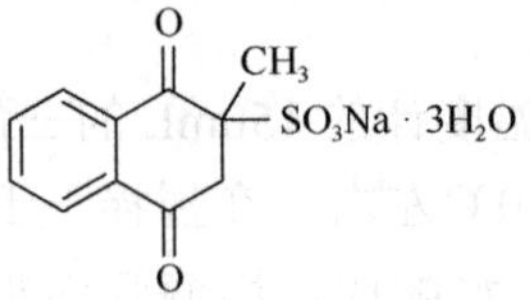

$C_{11}H_9NaO_5S \cdot 3H_2O$

本品为白色结晶性粉末，味微苦而麻；易溶于乙醇，极微溶于水。

一、目的要求

1. 了解亚硫酸氢钠加成物在药物结构修饰中的作用。

2. 了解亚硫酸氢钠甲萘醌的制备方法。

3. 掌握氧化和加成反应的特点。

二、实验原理

以 β-甲基萘为原料，经氧化反应制得 β-甲萘醌，再经亚硫酸氢钠发生加成反应而得到亚硫酸氢钠甲萘醌。具体合成路线如下。

1. 氧化反应（β-甲萘醌的制备）

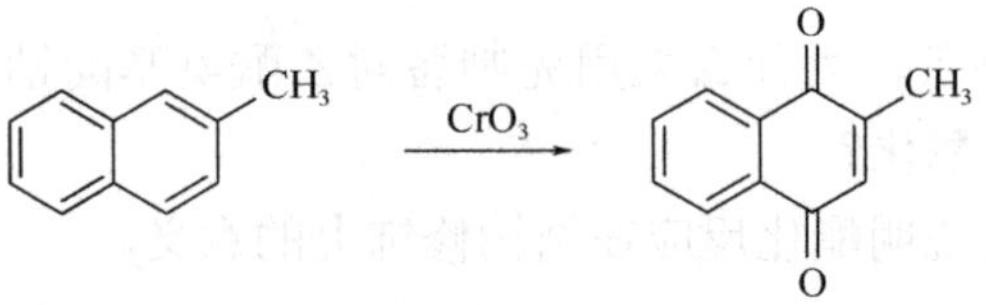

2. 加成反应（亚硫酸氢钠甲萘醌的制备）

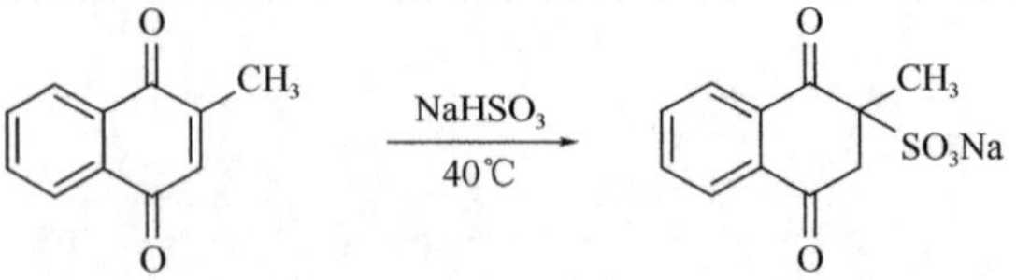

三、实验方法

（一）β-甲萘醌的制备

1. 主要原料规格及用量 见表3-17。

表3-17 β-甲萘醌制备的主要原料规格及用量

原料名称	规格	用量	物质的量（mol）	物质的量比
β-甲基萘	CP	5g	0.03	1.0
铬酐	CP	22.5g	0.23	6.4
冰醋酸	CP	35mL	0.61	17.4
水	蒸馏水	22.5mL	1.25	35.7

2. 操作 在装有搅拌子、温度计和滴液漏斗的三颈瓶中，加入β-甲基萘5g、冰醋酸35mL，在搅拌下待固体全部溶解后，内温控制在40℃以下，缓缓滴加铬酐与等量水的混合溶液（22.5g铬酐和22.5mL水）[1]，保持温度在35～40℃，加毕，于40℃保温反应30min，升温到70℃保温反应45min，将反应物倾入200mL冰水中[2]，不断搅拌，使β-甲萘醌全部析出，抽滤、滤饼用水洗至水无酸味，干燥，得β-甲萘醌，熔点应为103～105℃。

3. 预习 氧化反应的原理。

4. 思考题

（1）氧化反应中温度高了对产物会产生什么影响？

（2）适用于该反应的氧化剂有哪些？

5. 注意事项

[1] 氧化反应是剧烈的放热反应，缓慢滴加，以避免温度过高产生副产物。

[2] 反应完毕的母液倒入大量水中（一般为母液10倍体积）时，慢慢加入，并不断搅拌。

（二）亚硫酸氢钠甲萘醌的制备与精制

1. 主要原料规格及用量 见表3-18。

表3-18 亚硫酸氢钠甲萘醌制备与精制的主要原料规格及用量

原料名称	规格	用量	物质的量（mol）	物质的量比
β-甲萘醌	上步反应制备	适量	—	1
亚硫酸氢钠饱和溶液	CP	适量	—	2
乙醇溶液	95%	适量	—	14
水	蒸馏水	适量	—	14

2. 操作

（1）制备：在装有搅拌子、温度计、滴液漏斗和回流冷凝管的100mL三颈瓶中，加入*β*-甲萘醌，1/2量（*w*/*V*）95%乙醇溶液，慢慢加入亚硫酸氢钠饱和溶液，搅拌均匀，温度不得超过40℃，继续搅拌反应1h，取少量反应物滴入水中，若能完全溶解即到达终点，再加入1/2量95%乙醇溶液搅拌30min，冷却至10℃以下，抽滤，滤饼用少量95%乙醇溶液洗涤，干燥，得亚硫酸氢钠甲萘醌粗品。

（2）精制：在装有搅拌子、冷凝器和温度计的三颈瓶中加入亚硫酸氢钠甲萘醌粗品，4倍量的（*w*/*V*）95%乙醇溶液及0.5g亚硫酸氢钠，在70℃以下溶解，加入粗品量1.5%的活性炭。在60～65℃保温脱色15min，趁热过滤，滤液冷却至10℃以下，析出结晶，抽滤，结晶用少量冷乙醇洗涤，抽滤，干燥，得亚硫酸氢钠甲萘醌纯品，熔点应为105～107℃。

3. 预习 加成反应的原理。

4. 思考题 加成反应第一步，加入乙醇的目的是什么？

第九节　烟酸的合成

烟酸（nicotinic acid）是一种B族维生素（维生素B_5或维生素PP），临床上用于糙皮病及类似维生素缺乏症，大剂量的烟酸还可以降低血浆中的胆固醇水平及甘油三酯的浓度，具有降血脂作用。

化学名：吡啶-3-羧酸。

分子量：123.11。

化学结构式：

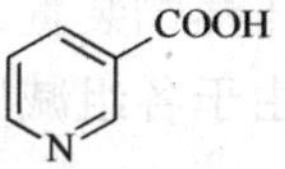

$C_6H_5NO_2$

本品为白色结晶或结晶性粉末，无臭或有微臭，微有酸味，能升华；易溶于沸水和沸乙醇，在乙醚中几乎不溶，在碳酸钠溶液或氢氧化钠溶液中易溶。

一、目的要求

1. 掌握烟酸合成的氧化反应原理及制备操作过程。

2. 熟悉重结晶原理及操作方法。

二、实验原理

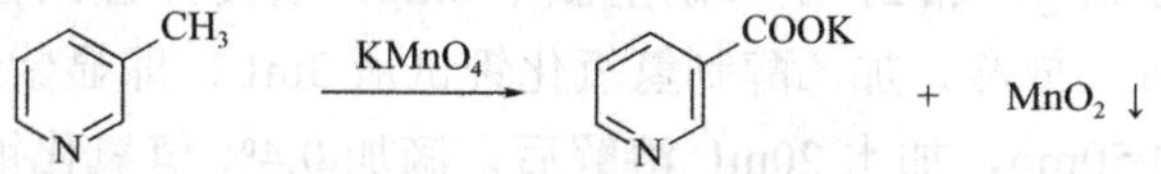

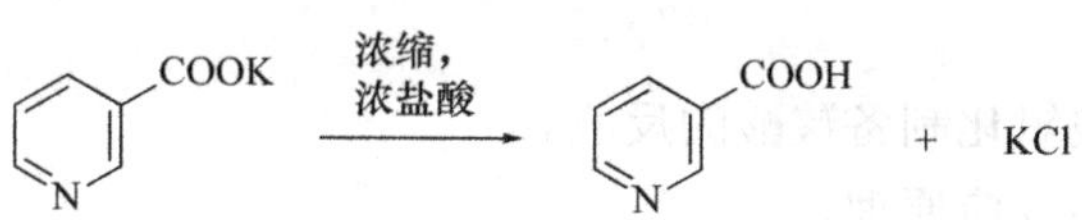

三、实验方法

1. 主要原料规格及用量　见表3-19。

表3-19　烟酸合成的主要原料规格及用量

原料名称	规格	用量	物质的量（mol）	物质的量比
3-甲基吡啶	CP（*d*为0.96g/mL）	2.5mL	2.6	1.0
高锰酸钾	CP	7.2g	4.9	1.9
浓盐酸	37%	适量	—	—
水	蒸馏水	适量	—	—

2. 操作

（1）制备：在装有搅拌子、冷凝器、温度计的100mL三颈瓶中，加入3-甲基吡啶2.5mL[1]，蒸馏水50mL。加热至85℃后，分4次加入高锰酸钾7.2g[2]，每次加入1.8g，待前一次加入的高锰酸钾反应完全后再次加入[3]，反应温度始终控制在85～90℃，待最后一次加入的高锰酸钾反应完全[4]，停止反应，抽滤至少3次，直至滤液澄清，弃去二氧化锰沉淀，得烟酸钾溶液[5]。

（2）浓缩：将上步反应所得烟酸钾溶液倒入100mL三颈瓶中，连接减压蒸馏装置，蒸除水及未反应的3-甲基吡啶，弃去，直至馏出液无浑浊，浓缩液体积达到30～80mL时，停止蒸馏。

注意：水浴锅注入凉水，连接好减压蒸馏装置。切记：减压蒸馏装置先抽真空再加热，以检验装置是否密闭完好。由于各组减压装置的密闭性不同，所以沸点也不同，沸点范围为40～80℃[6]。

（3）酸化：将上步浓缩液倒入烧杯中，用冰水浴冷却彻底，以浓盐酸酸化至pH为3～4[7]，析出固体，抽滤，干燥，得粗品，称重。

（4）精制：将粗品移至100mL圆底烧瓶中，加粗品5倍量的水（w/V=1∶5），轻轻振摇，安装冷凝器，加热至沸腾使溶解。稍冷，加少许活性炭（粗品量的5%）[8]，加热至沸，脱色5～10min。稍冷，趁热过滤，滤液放冷，慢慢析出结晶，抽滤，滤饼用95%乙醇溶液5mL洗涤两次，每次2.5mL，抽滤，干燥，得纯品，称重。

（5）鉴别

1）取本品约4mg，加2，4-二硝基氯苯8mg，研匀，置试管中，缓缓加热熔化后，再加热数秒，放冷，加乙醇制氢氧化钾试液3mL，即显紫红色。

2）取本品约50mg，加水20mL溶解后，滴加0.4%氢氧化钠溶液至遇石蕊试纸显中性反应，加硫酸铜试液3mL，即缓缓析出淡蓝色沉淀。

3. 预习

（1）有关甲基被氧化制备羧酸的反应。

（2）烟酸的鉴别反应原理。

4. 思考题

（1）氧化后若反应完全，反应液呈什么颜色？

（2）为什么加乙醇可以除去剩余的高锰酸钾？

5. 注意事项

[1] 3-甲基吡啶有苦杏仁气味，使人产生不愉快的感觉，应在通风橱中进行，并保证室内通风良好，禁止在原瓶中取液，应取少量倒入烧杯中。

[2] 从三颈瓶边口加高锰酸钾时可用折叠的细长纸槽或者小型漏斗送入，避免粘在瓶口，纸槽或漏斗避免接触到水。

[3] 每次高锰酸钾反应完全的标志：用玻璃棒蘸取反应液，滴一滴在干净滤纸上，观察水印斑点外围紫红色的印迹是否消失，如消失则反应完全，即可加下次量。

[4] 用洗瓶冲洗粘在三颈瓶口上的高锰酸钾，防止颜色判断失误。

[5] 实验中注意观察反应液颜色，若氧化反应彻底，滤除二氧化锰沉淀后，反应液不再显紫红色；若反应不彻底，反应液显紫红色，可加少量乙醇，温热片刻，紫色即消失，重新过滤。

[6] 减压蒸馏时烧瓶内的液体占其容量 1/3～1/2，不可超过 1/2。为使系统密闭性好，磨口玻璃仪器的所有接口部位都必须润涂凡士林，先抽真空检查仪器是否漏气，待真空泵的压强指针稳定后再慢慢升温，直至液体沸腾，记录沸点。蒸馏速度以每秒 0.5～1 滴为宜。蒸馏完毕，先关闭加热装置，待烧瓶稍冷后再关闭真空泵。

[7] 浓盐酸酸化的过程应待烟酸钾浓缩液彻底冷却后再滴加浓盐酸，否则无固体析出。

[8] 精制中加活性炭的量可由粗品颜色深浅来定，若颜色较深可多加一些。

第十节 曲克芦丁的制备与纯化

天然产物中的芦丁含量丰富，动物实验表明其具有多方面的生理活性。但由于其水溶性不好，临床上仅用作高血压的辅助治疗药。针对这一问题，近年来研究者合成了很多芦丁水溶性化合物。已被应用于临床的芦丁衍生物曲克芦丁，是一种不同程度羟乙基化芦丁的混合物，其中主要成分是7,3′,4′-三羟乙基芦丁。

化学名：7,3′,4′-三羟乙基芦丁。

分子量：742.69。

化学结构式：

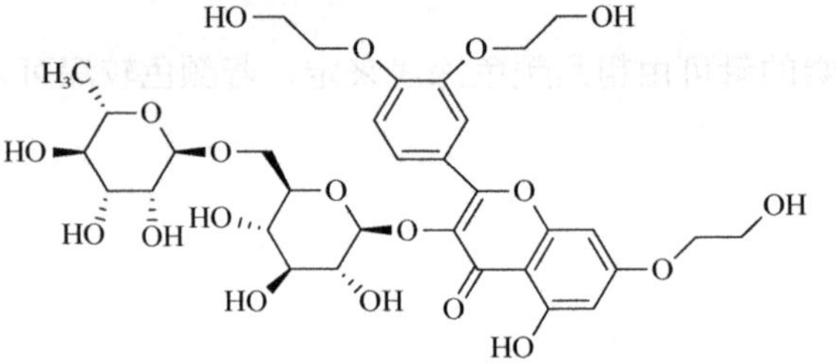

$C_{33}H_{42}O_{19}$

本品为黄色至棕黄色粉末，熔点156℃（曲克芦丁为主的羟乙基芦丁混合物的熔点），具有吸湿性，无气味，微溶于乙醇、异丙醇等，易溶于水、甲醇等溶剂。其水溶液在紫外光下呈现浅绿黄色荧光，当用水稀释时逐渐变成青色或蓝色，其乙醇溶液与盐酸和镁反应呈现红色。

一、目的要求

1. 通过曲克芦丁的合成，掌握天然产物结构修饰的意义。

2. 了解无水实验的操作要领和注意事项。

二、实验原理

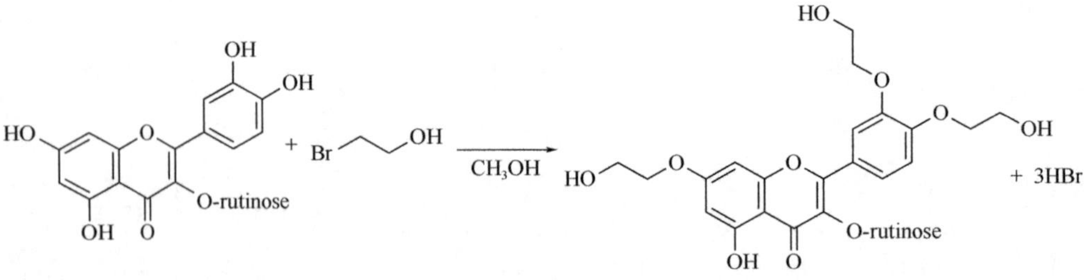

三、实验方法

1. 主要原料规格及用量 见表 3-20。

表 3-20 曲克芦丁制备与纯化的主要原料规格及用量

原料名称	规格	用量	物质的量（mol）	物质的量比
芦丁	CP	1.2g	1.6×10^{-3}	1.0
2-溴乙醇	CP（d 为 1.77g/mL）	1.52g	12.2×10^{-3}	10.2
氢氧化钠	CP	0.26g	—	—
甲醇	CP	15mL	—	—
无水乙醇	CP	5mL	—	—
水	蒸馏水	适量	—	—

2. 操作

（1）制备：取 15mL 甲醇于 100mL 三颈瓶中，室温下加入芦丁 1.2g，逐渐升温至 60℃，回流搅拌反应 30min 至澄清，量取 0.26g（研成干粉）氢氧化钠固体，加入甲醇溶液中，30min 后，加入 1.52g（0.86mL）2-溴乙醇（分两次加入，先加一半量，反应 2.5h 后，再加入另一半）。5h 后将反应液倒入 100mL 烧杯中，加入 5mL 无水乙醇，静置后，析出黄色固体，离心或真空干燥箱干燥 [1]，称重，得曲克芦丁粗品。

（2）鉴别

1）取本品约 20mg，加水 20mL、盐酸 1mL 和锌粉少量，置水浴上加热，显持续的红色。

2）取本品约 20mg，加水 20mL 和三氯化铝少量，溶液显亮黄色。

（3）分离纯化：本品可用硅胶色谱柱分离，装柱前柱底要垫一层脱脂棉以防吸附剂外漏。

1）湿法装柱：将最初准备使用的洗脱剂装入柱内，可通过薄层色谱筛选洗脱剂，一般用薄层色谱展开时 R_f 为 0.2～0.3 的溶剂系统。打开下端活塞，使洗脱剂缓慢流出，然后把硅胶慢慢连续不断地倒入柱内（硅胶依靠重力和洗脱剂的带动，在柱内自由沉降），此间要不断把流出的洗脱剂加回柱内，保持一定的液面，直至把硅胶加完并在柱内沉降不再变动为止。然后在硅胶上面加一小片滤纸或脱脂棉，根据加样量控制洗脱剂液面至一定高度。

2）上样：将欲分离的样品溶于少量装柱时用的洗脱剂中，制成体积小、浓度高的样品溶液，加入色谱柱中硅胶面上。如样品不溶于装柱时用的洗脱剂，则将样品溶于易挥发的溶剂中，并加入适量硅胶拌匀，除尽溶剂，将拌有样品的硅胶均匀加到柱顶，再覆盖一层硅胶即可。上样时注意沿着柱内壁慢慢加入，始终保持硅胶上端表面平整，上样量为硅胶的 1/60～1/30。

3）洗脱：采用梯度洗脱法洗脱，先打开柱下端活塞，保持洗脱剂流速为1～2 滴/秒。上端不断添加洗脱剂，可用分液漏斗控制流速，如单一溶剂洗脱效果不好，可选用混合溶剂。

4）收集处理：等份收集洗脱液，每份收集量大概与所用硅胶的量相当。每份洗脱液采用薄层色谱定性检查，合并含相同成分的洗脱液。经浓缩、重结晶处理往往可得到某一单体成分。如仍为几个单体成分的混合物，不易析出单体成分的结晶，则需要进一步色谱柱层析或用其他方法分离[2]。

3. 预习

（1）酚羟基烷基化反应原理。

（2）色谱柱层析方法。

4. 思考题

（1）分离曲克芦丁有哪些方法？

（2）合成中需要注意哪些事项？

5. 注意事项

[1] 曲克芦丁很容易吸潮，故实验中所用仪器保持干燥，如遇到潮湿天气，应尽量避免重结晶、抽滤等操作，而改用离心或者真空干燥。

[2] 本实验合成的曲克芦丁是一种不同程度羟乙基化芦丁的混合物，故用高效液相色谱法分析时，其纯度应为不同取代产物的含量之和。

第十一节　亚硝酸异戊酯的合成

亚硝酸异戊酯（amyl nitrite）是一种起效快、持续时间短的抗心绞痛药物。

化学名：亚硝酸异戊酯。

分子量：117.15。

化学结构式：

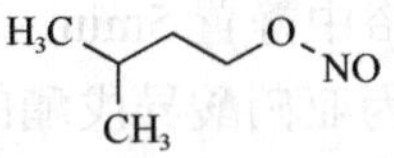

$C_5H_{11}NO_2$

本品为淡黄色液体，略带水果味；室温下易挥发，易燃；几乎不溶于水，能与乙醇、乙醚、三氯甲烷和苯互溶，遇光易分解。

一、目的要求

1. 掌握亚硝酸异戊酯的合成方法。

2. 熟悉低温反应、分馏等基本操作。

3. 了解无机酸酯的制备方法。

二、实验原理

以异戊醇和亚硝酸钠为原料，以浓硫酸催化，经酯化得到亚硝酸异戊酯。具体合成路线如下：

三、实验方法

1. 主要原料规格及用量　见表 3-21。

表 3-21　亚硝酸异戊酯合成的主要原料规格及用量

原料名称	规格	用量	物质的量（mol）	物质的量比
亚硝酸钠	CP	22.8g	0.33	1.0
异戊醇	CP（*d* 为 0.81g/mL）	32.6mL	0.30	0.91
浓硫酸	98.3%	8.2mL	0.15	0.45
碳酸氢钠	CP	1.0g	—	—
氯化钠	CP	13.0g	—	—
无水氯化钙	CP	2.0g	—	—
水	蒸馏水	适量	—	—

2. 操作

（1）酯化：向250mL三颈瓶中加入亚硝酸钠22.8g（0.33mol），蒸馏水92.0mL，放入搅拌子，安装冷凝管、温度计，将三颈瓶置于冰浴，搅拌至溶解，反应液降温至0℃；将250mL烧杯置于冰浴，依次加入6.0mL水、8.2mL（0.15mol）浓硫酸和32.6mL（26.5g，0.30mol）异戊醇[1]，玻璃棒搅拌，降温至0℃，再转移到滴液漏斗中，从三颈瓶中亚硝酸钠溶液的液面下，缓慢滴加，控制温度保持在−1～1℃[2]，使得无气体放出，搅拌反应1.5～2h。

（2）纯化：将反应混合物于冰盐浴中静置5min，转移到分液漏斗。静置分成两层后，除去下层水溶液，上层酯层为亚硝酸异戊酯的粗产物。用1.0g碳酸氢钠和13.0g氯化钠加100mL水配成溶液，每次用10mL该溶液洗涤酯层，洗2次。酯层加入2.0g无水氯化钙[3]，干燥30min，过滤后的酯中加入沸石，进行分馏，收集95～97℃的馏分，得淡黄色的澄明液体。

3. 预习

（1）亚硝酸酯化反应。

（2）分液漏斗使用原理及方法。

4. 思考题

（1）操作中为何将异戊醇和浓硫酸的混合液用滴液漏斗从亚硝酸钠溶液的液面下缓慢滴加？

（2）用碳酸氢钠和氯化钠混合溶液洗涤的目的是什么？

（3）为何有的产品可以采用直接蒸馏法精制，而有些产品用减压蒸馏或水蒸气蒸馏精制？为什么亚硝酸异戊酯要加分馏柱，用分馏法精制？

5. 注意事项

[1] 稀释浓硫酸时，一定要将浓硫酸缓慢加入水中，并不断搅拌；取用时注意强酸的强腐蚀性。

[2] 亚硝酸异戊酯的合成过程中，反应体系温度应一直保持−1～1℃，直至反应结束。

[3] 用无水氯化钙干燥时，延长干燥时间可提高干燥效果。

第十二节　依达拉奉的合成

依达拉奉（edaravone）临床用于急性脑梗死和脑水肿，改善脑卒中后神经系统功能，减轻症状，增强活动能力。

化学名：3-甲基-1-苯基-2-吡唑啉-5-酮。

分子量：174.20。

化学结构式：

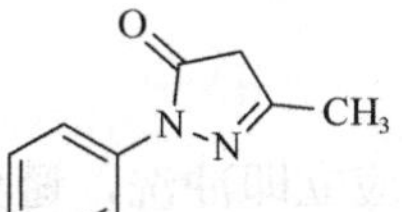

$C_{10}H_{10}N_2O$

本品在甲醇、乙醇中溶解，在水中极微溶或者几乎不溶。熔点为126～130℃。

一、目的要求

1. 掌握依达拉奉的合成。

2. 了解依达拉奉合成反应机制。

3. 熟悉搅拌、回流、减压抽滤、活性炭脱色、重结晶等基本操作。

二、实验原理

以苯肼和乙酰乙酸乙酯为原料，经缩合得到依达拉奉，具体合成路线如下：

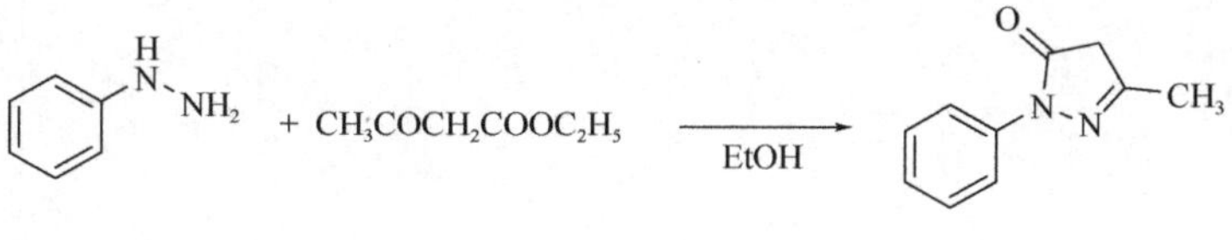

三、实验方法

1. 主要原料规格及用量　见表3-22。

表3-22　依达拉奉合成的主要原料规格及用量

原料名称	规格	用量	物质的量（mol）	物质的量比
苯肼	CP	27g	0.25	1
乙酰乙酸乙酯	CP	32.5g	0.25	1
乙醇	CP	适量	—	—

2. 操作

（1）制备：在装有搅拌子、温度计、滴液漏斗及冷凝管的250mL三颈瓶中加入乙醇40mL、苯肼27g（0.25mol）[1]，控制温度，在50℃滴加乙酰乙酸乙酯

32.5g（0.25mol）。滴加完毕，回流反应 5h，反应结束，停止加热，放置过夜析晶。抽滤，滤饼在 75mL 乙醇中回流溶解，稍冷，加入 0.5g 活性炭回流脱色 15min[2]，趁热抽滤，滤液室温放置析晶。抽滤、收集固体，得到白色结晶性粉状固体依达拉奉，干燥，称重。

（2）精制：将粗品用乙醇加热溶解，趁热抽滤，滤液室温放置析晶，抽滤、收集固体，干燥得白色结晶性粉状固体。

3. 思考题

（1）依达拉奉合成的反应历程是什么？

（2）重结晶的原理是什么？

4. 注意事项

[1] 苯肼有一定毒性，接触皮肤后应立即冲洗，避免大量接触和吸入。

[2] 活性炭脱色和重结晶操作时，应趁热抽滤，避免晶体提前析出影响抽滤。

第十三节　葡萄糖酸锌的合成

缺锌不仅会影响生长发育，还可能导致多种疾病。葡萄糖酸锌是一种有机酸锌盐，具有见效快、吸收率高、副作用小、使用方便等优点，是目前首选的补锌药物和强化剂。

分子量：455.68。

化学结构式：

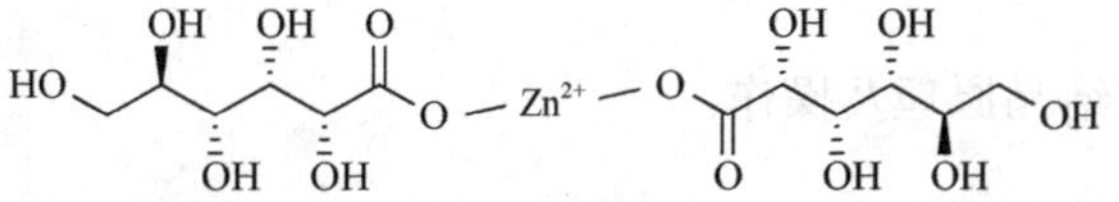

$C_{12}H_{22}O_{14}Zn$

本品为白色结晶性或颗粒性粉末，无臭；在沸水中极易溶解，在水中溶解，在无水乙醇、三氯甲烷或乙醚中不溶。

一、目的要求

1. 掌握葡萄糖酸锌的制备方法。

2. 熟悉电动搅拌、减压抽滤等基本操作。

二、实验原理

以葡萄糖酸和氧化锌为原料合成葡萄糖酸锌。具体合成路线如下。

$$2\ CH_2OH(CHOH)_4CO_2H + ZnO \longrightarrow [CH_2OH(CHOH)_4COO]_2Zn + H_2O$$

三、实验方法

1. 主要原料规格及用量　见表 3-23。

表 3-23　葡萄糖酸锌合成的主要原料规格及用量

原料名称	规格	用量	物质的量（mol）	物质的量比
葡萄糖酸	CP	10.8g	0.055	1.7
氧化锌	CP	2.7g	0.033	1.0
乙醇溶液	95%	适量	—	—
水	—	适量	—	—

2. 操作

（1）制备：在装有电动搅拌器、回流冷凝管、温度计的 100mL 四颈瓶中，加入葡萄糖酸 10.8g（0.055mol）及水 40mL，搅拌下升温至 60℃，溶液澄清后，测定反应液的 pH。之后，保持反应液温度在 60℃，搅拌下分批加入 2.7g（0.033mol）氧化锌（每加一批，溶液先变浑浊后逐渐变澄清）；加毕，继续保持 60℃反应30min，测定反应液的pH（如果pH大于6，用少量的葡萄糖酸调节pH至6左右）[1]；继续反应10min，趁热抽滤（滤除不溶性杂质）；将滤液倒入250mL烧杯中，剧烈搅拌下缓慢加入45mL 95%乙醇溶液，充分搅拌，析出大量白色固体，用冰水浴降温至5℃以下充分析晶，抽滤，干燥，得白色葡萄糖酸锌粗品[2]。

（2）精制：粗品加蒸馏水10mL，在90℃加热至溶解，趁热抽滤，将滤液冷却至室温，边搅拌边加入10mL 95%乙醇溶液，白色结晶析出，抽滤，干燥得白色结晶状葡萄糖酸锌。

3. 预习

（1）羧酸成盐反应。

（2）选择混合溶剂重结晶原理及操作。

4. 思考题

（1）合成葡萄糖酸锌的过程中，溶液的pH有什么变化？为什么？

（2）趁热抽滤目的是什么？

（3）在葡萄糖酸锌的合成过程中，加入95%乙醇溶液的作用是什么？

5. 注意事项

[1] 葡萄糖酸和氧化锌的反应温度始终保持在60℃，反应终点pH在6左右。

[2] 合成过程中，向滤液中加入95%乙醇溶液时要“快搅慢加”，且经过充分搅拌、有大量固体析出后再冷却，否则易形成大的结块不利于物料转移。

第十四节　对氨基水杨酸钠水溶液的稳定性实验

对氨基水杨酸钠是一种抗结核杆菌药物，用于结核分枝杆菌所致的肺及肺外结核病。

药物名称：对氨基水杨酸钠（sodium aminosalicylate）。

化学名：4-氨基-2-羟基苯甲酸钠。

分子量：175.12。

化学结构式：

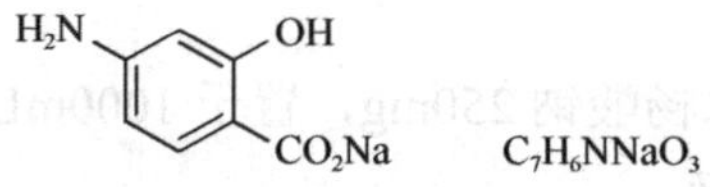

$C_7H_6NNaO_3$

对氨基水杨酸钠为白色或类白色结晶性粉末，在水中易溶，在乙醇中略溶。

一、目的要求

1. 加强对实验中防止药物氧化重要性的认识。

2. 熟悉分光光度计的使用方法。

二、实验原理

对氨基水杨酸钠水溶液很不稳定，易脱羧生成间氨基酚，继而进一步氧化成红棕色的二苯醌型化合物，用分光光度计测定透光率可看出其变化程度。

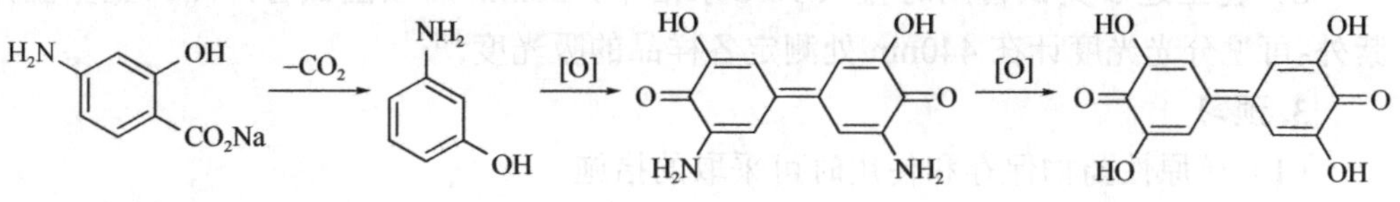

三、实验方法

1. 主要原料规格及用量　见表 3-24。

表 3-24　对氨基水杨酸钠水溶液的稳定性实验的主要原料规格及用量

原料名称	规格	用量	物质的量（mol）	物质的量比
对氨基水杨酸钠	CP	250mg	—	—
硫代硫酸钠（$Na_2S_2O_3$）	CP	82.5mg	—	—
硫酸铜（$CuSO_4$）	CP	200mg	—	—
乙二胺四乙酸二钠（EDTA-Na_2）	CP	250mg	—	—
过氧化氢溶液（H_2O_2，又称双氧水）	CP	50mL	—	—
水	蒸馏水	适量	—	—

2. 操作

（1）试液配制[1]

1）准确称取硫代硫酸钠 82.5mg，置于 250mL 容量瓶中，加适量水，振摇使溶解，用水稀释至刻度，摇匀，得硫代硫酸钠试液。

2）准确称取硫酸铜 200mg，置于 250mL 容量瓶中，加适量水，振摇使溶解，用水稀释至刻度，摇匀，得硫酸铜试液。

3）准确称取乙二胺四乙酸二钠 250mg，置于 250mL 容量瓶中，加适量水，振摇使溶解，用水稀释至刻度，摇匀，得乙二胺四乙酸二钠试液。

4）准确量取双氧水 50mL 置于 250mL 容量瓶中，用水稀释至刻度，摇匀，得双氧水试液。

5）准确称取对氨基水杨酸钠 250mg，置于 1000mL 容量瓶中，加水溶解并定容，得对氨基水杨酸钠试液。

（2）样品处理及测定

1）取 5 支试管，依次编号。

2）向 1～5 号试管中分别加入对氨基水杨酸钠试液 10mL。

3）向 3 号试管加入硫代硫酸钠试液 20 滴。

4）向 5 号试管加入乙二胺四乙酸二钠试液 20 滴。

5）向 4、5 号试管分别加入硫酸铜试液 6 滴。

6）向 2～5 号试管中分别加入双氧水试液 12 滴。

7）将上述 5 支试管用蒸馏水定容至同一刻度。

8）将上述 5 支试管同时置入 90℃水浴中，30min 后取出试管，冷却至室温，紫外-可见分光光度计在 440nm 处测定各样品的吸光度[2]。

3. 预习

（1）还原性药物保存和使用时可采取的措施。

（2）常用抗氧化剂的种类及特点。

4. 思考题

（1）药物的氧化变质反应受哪些因素影响？如何防止药物被氧化？

（2）5 号试管中，如果先加入硫酸铜试液再加乙二胺四乙酸二钠试液，会产生什么结果？

（3）试管中的对氨基水杨酸钠试液的颜色发生了什么变化？

5. 注意事项

[1] 制备试液时需避光操作，临用新制。

[2] 5 支试管内的样品处理及测定应尽量在同一时间、同一环境中进行，以避免时间、温度、光照等因素带来的影响。

第十五节　熔点的测定

一、目的要求

1. 学习显微熔点仪的使用。

2. 掌握固体药物熔点的测定方法。

3. 了解药物熔点是判断药物纯度的手段之一。

二、实验原理

熔点指的是晶体物质加热到一定温度时从固态变为液态，此时的温度就是该化合物的熔点。通常纯的有机化合物或原料药物都具有确定的熔点，而且从固体初熔到全熔的温度范围（称熔程或熔距）很窄，一般不超过1℃。但是，如果样品中有杂质，就会导致熔点下降、熔程变宽。因此，通过测定熔点，观察熔距，可以很方便地鉴别未知物，并判断其纯度。药物的熔点是指药物由固态变为液态的温度，在有机化学、药物化学领域中，熔点测定是辨别药物的基本手段，也是检查药物纯度的重要手段。

三、实验试剂及仪器

1. 实验仪器　SGWX-4B 显微熔点仪（图 3-1）。

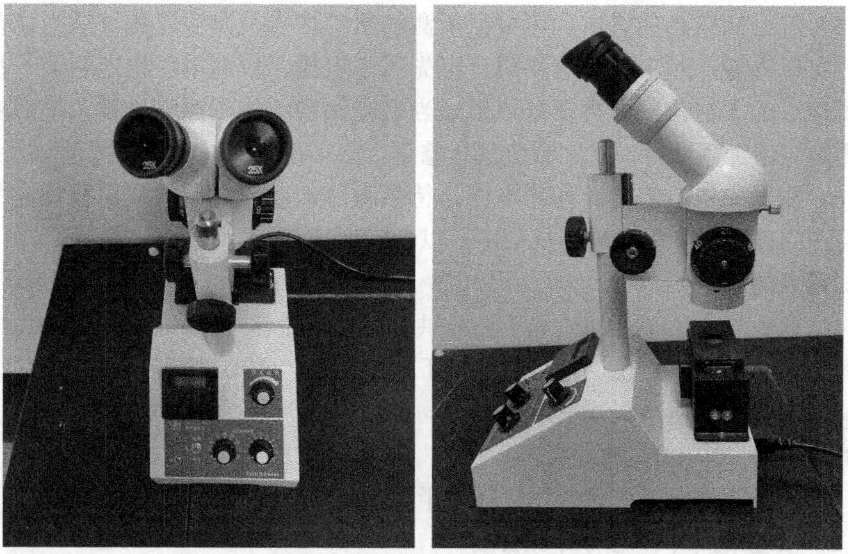

图 3-1　SGWX-4B 显微熔点仪

2. 实验试剂　贝诺酯、阿司匹林、对乙酰氨基酚等已知物和部分未知物。

四、实验方法

1. 显微熔点仪的使用步骤

（1）取两片盖玻片，用蘸有乙醚（或乙醚与乙醇混合液）的脱脂棉擦拭干净[1]。晾干后，取适量待测物品[2]（不大于 0.1mg）放在一片盖玻片上[3]，尽可能使药品分布薄而均匀，盖上另一片盖玻片，轻轻压实，置于热台中心，盖上隔热盖[4]。

（2）松开显微镜的升降手轮，参考显微镜的工作距离（88mm 或 33mm），上下调整显微镜，直到从目镜中能看到熔点仪热台中央的待测物品轮廓时锁紧该手轮；然后调节调焦手轮，直到能清晰地看到待测物品的像为止。

（3）打开调压测温仪的电源开关。根据被测样品熔点的温度值，控制调温手钮 1 或 2（1 为升温电压宽量调整，2 为升温电压窄量调整。其电压变化可通过电压表显示），以期达到在熔点测定过程中，前段升温迅速、中段升温渐慢，后段升温平缓。具体方法如下：先将两调温手钮顺时针调到最大位置，使热台快速升温；当温度接近待测物体熔点温度以下 40℃左右时（中段），将调温手钮逆时针调节至适当位置，使升温速度减慢；在被测物熔点值以下 10℃左右时（后段），调整调温手钮控制升温速度为每分钟 1℃左右（注意：后段升温的控制对测量精度影响较大，一定要控制好温度）。

（4）观察被测物品的熔化过程，记录初熔和全熔时的温度值，用镊子取下隔热盖和盖玻片，即完成一次测试。如需重复测试，只需将散热开关打开，电压调为零，使温度降至熔点值以下 40℃即可。

（5）对已知熔点的物质，可根据所测物质的熔点及测温过程，适当调节调温旋钮，实现测量；对未知熔点物质，可先用中电压、较高电压快速粗测一次，找到物质熔点的大概范围，再根据该值适当调整和精细控制测量过程，最后实现较精确测量。精密测试时，对实测值进行修正，应多次测试，计算平均值。

（6）测试完毕，应及时切断电源，待热台冷却后，方可将仪器按规定装入包装。用过的盖玻片可用乙醚擦拭干净，以备下次使用。

2. 熔点的测定

（1）取少量样品于红外光灯下充分烘干后置于盖玻片上，涂匀后备用。

（2）调节显微熔点仪，将盖玻片置于显微镜下，调节视野范围，开始测定。

（3）平行测定两次，并记录数据。

3. 思考题

（1）如果测得贝诺酯的熔程范围大于正常范围，可能是什么原因造成的？

（2）接近熔点时升温为何要放慢？

（3）什么时候开始记录初熔和全熔的温度？

（4）如何采用熔点测定的方法，鉴别两种具有相近或相同熔点的化合物是否为同一化合物？

4. 注意事项

[1] 透镜表面有污秽时，可用擦镜纸蘸少许丙酮溶液轻轻擦拭，遇有灰尘，可用洗耳球（吹球）吹去。

[2] 样品应尽量干燥。

[3] 放入盖玻片时，测定仪温度不宜太高，避免盖玻片炸裂。

[4] 测试操作过程中，熔点仪热台属高温部件，一定要使用镊子夹持放入或取出盖玻片。严禁用手触摸，以免烫伤！

第四章　单元反应实验

第一节　对氯苯氧异丁酸的合成

产物名称：对氯苯氧异丁酸（chlorophenoxyl isobutyric acid）。

化学名：2-(4-氯苯氧基)-2-甲基丙酸。

分子量：214.65。

化学结构式：

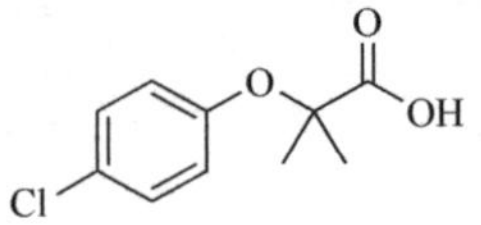

$C_{10}H_{11}ClO_3$

本品为结晶状固体，熔点为 118～120℃。

一、目的要求

1. 掌握对氯苯氧异丁酸的合成和精制的操作方法。

2. 熟悉加热回流、减压抽滤、蒸馏、酸碱度调节等基本操作。

二、实验原理

以对氯苯酚为原料，具体合成路线：

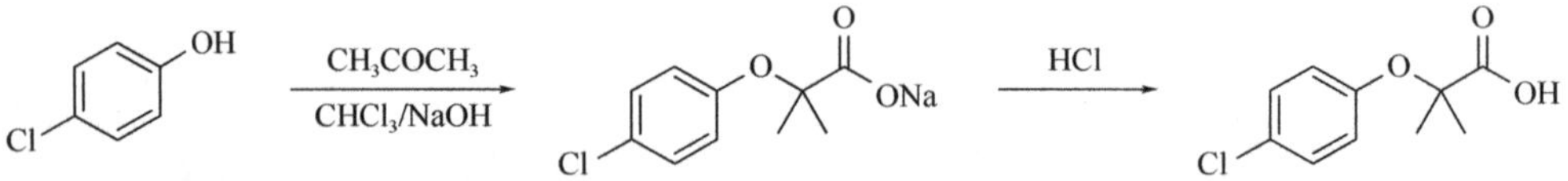

三、实验要求

（一）主要原料规格及用量

主要原料规格及用量见表 4-1。

表 4-1　对氯苯氧异丁酸合成的主要原料规格及用量

原料名称	规格	用量	物质的量（mol）	物质的量比
对氯苯酚	CP	12.9g	0.1	—
丙酮	CP	64.6mL	0.88	—
氢氧化钠	CP	21.2g	0.53	—
三氯甲烷	CP	10.5mL	0.13	—
氢氧化钠溶液	10%	适量	—	—

（二）操作

1. 对氯苯氧异丁酸的制备 在装有搅拌子、回流冷凝管、温度计的250mL三颈瓶中加入对氯苯酚12.9g（0.1mol）、丙酮64.6mL（0.88mol），搅拌下分次加入氢氧化钠21.2g（0.53mol）[1]，加毕，充分搅拌，使氢氧化钠混悬在反应液中，然后缓慢滴加三氯甲烷10.5mL（0.13mol），滴加过程中控制温度在42～48℃，不得超过50℃[2]，加毕后升温，在50～59℃下搅拌回流反应1.5h。反应完毕，安装蒸馏装置，在缓慢搅拌下，蒸馏回收丙酮[3]。当反应物呈稠糊状时，向三颈瓶中注入热水100mL，加热至70℃使反应物全部溶解，再次蒸馏除去丙酮，蒸馏丙酮完毕，将反应物倒入250mL烧杯中，搅拌下用15%盐酸溶液调节pH至2，冷却析晶，用玻璃棒将结晶块轻轻捣碎，抽滤，并依次用石油醚和水洗涤[4]，各2次，每次15mL，干燥，得淡黄色对氯苯氧异丁酸粗品，称重。

2. 对氯苯氧异丁酸的精制 称取上述干燥的粗品12.5g置于250mL烧杯中，加水40mL，加热至60～65℃，加入10%氢氧化钠溶液调节pH=8，加0.4g活性炭，60～65℃脱色15min，趁热抽滤，滤液冷却至55℃，用18%盐酸溶液调pH至2，置于冷水浴中冷却30min，析出晶体，抽滤，滤饼用水洗涤3次，每次20mL，干燥，得白色结晶性粉末，称重。

（三）预习

对氯苯氧异丁酸合成反应机制。

（四）思考题

1. 反应中为什么要除水？

2. 影响反应收率的因素有哪些？

3. 精制中为什么要先调节pH到碱性？

（五）注意事项

[1] 反应体系中存在水影响反应收率，因此所用仪器、原料须干燥，反应中回流冷凝管上端需装上氯化钙干燥管，防止水分进入。

[2] 反应产率与反应温度密切相关，反应温度高，加热时间长，将使油状物增多，因此要控制反应温度及避免加热时间过长。

[3] 产物对氯苯氧异丁酸可溶于丙酮，所以反应回收丙酮时，必须尽量回收完全，否则影响收率。

[4] 反应后处理时应保证洗涤充分，以除去有机和无机杂质，保证产品质量。

第二节 糠醛的歧化反应

产物名称：糠酸（furoic acid），糠醇（furfuryl alcohol）。

化学名：2-糠酸，2-糠醇。

分子量：112.08，98.10。

化学结构式：

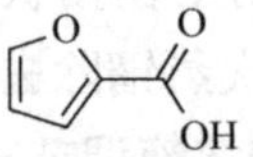

$C_5H_4O_3$

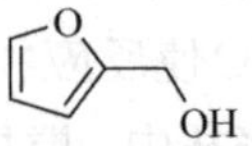

$C_5H_6O_2$

糠酸为白色单斜长棱形结晶，溶于水，乙醇、乙醚，在130～140℃升华，熔点为133～134℃。

糠醇为无色液体，遇空气变为黑色，具有特殊的苦辣气味，溶于水，可与乙醇、乙醚、苯、三氯甲烷混溶，沸点为171℃。

一、目的要求

1. 掌握糠醛的歧化反应方法。

2. 熟悉萃取、蒸馏、减压抽滤等基本操作。

3. 了解歧化反应的反应机制。

二、实验原理

反应方程式：

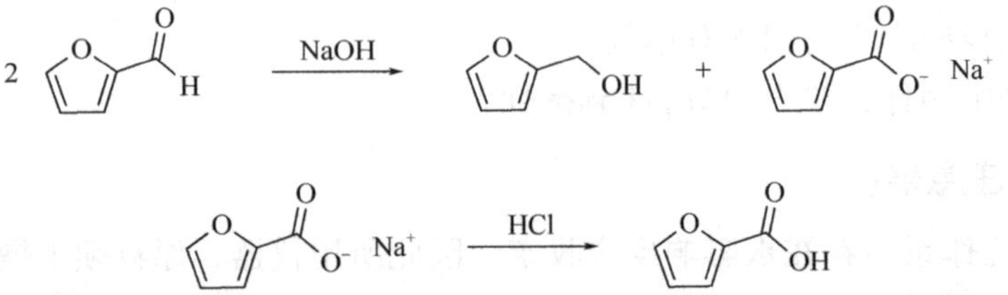

歧化反应机制：坎尼扎罗（Cannizzaro）反应属于歧化反应，是指不含α活泼氢的醛在强碱作用下发生分子间氧化还原反应，生成一分子羧酸和一分子醇的有机歧化反应。

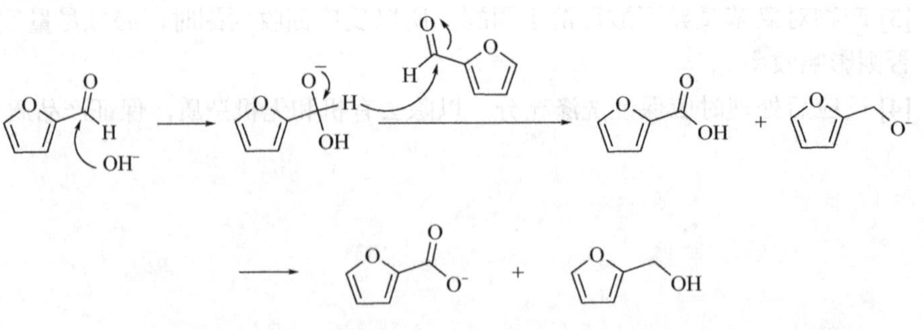

首先 OH^- 和羰基发生亲核加成，成四面体形中间体，由于氧原子带有负电荷，具有供电性，使得邻位碳原子排斥电子的能力大大增强，碳上的氢带着一对电子以氢负离子的形式转移到另一个醛的羰基碳上，形成一个羧酸和一个醇盐负离子。在碱性水溶液中，羧酸以盐的形式存在，醇盐负离子以醇分子形式存在。

三、实验要求

（一）主要原料规格及用量

糠醛的歧化反应主要原料规格及用量见表 4-2。

表 4-2　糠醛的歧化反应的主要原料规格及用量

原料名称	规格	用量	物质的量（mol）	物质的量比
糠醛（新蒸）	CP	16.4mL（19g）	0.2	—
乙醚	CP	适量	—	—
氢氧化钠溶液	33%	16mL	—	—
盐酸溶液	25%	约 16mL	—	—
无水硫酸镁	CP	适量	—	—

（二）操作

1. 糠醛的歧化反应　装有搅拌子、冷凝器、滴液漏斗的 100mL 的三颈瓶中，加入 16.4mL（19g，0.2mol）糠醛（新蒸）[1]，置于冰水浴冷却至 5℃。用滴液漏斗滴加 16mL 33% 氢氧化钠溶液 [2]，保持反应温度在 8～12℃ [3]。33% 氢氧化钠溶液加毕（20～30min），室温继续搅拌反应 30min[4]，得黄色浆状物。

2. 糠醇的纯化　搅拌下加入 15mL 水，使黄色浆状物恰好完全溶解，溶液呈暗褐色，转移到分液漏斗，每次 15mL 乙醚萃取 4 次，合并乙醚液至 125mL 锥形瓶中，用无水硫酸镁干燥，抽滤，滤液蒸馏，先蒸除乙醚，再蒸馏收集糠醇，收集 169～172℃的馏分。计算收率、测定折光率 [5]。

3. 糠酸的纯化　乙醚萃取后的水溶液，用 25% 盐酸溶液酸化（约 16mL），刚果红试纸检测变蓝（或广泛 pH 试纸检测 pH=3），置于冰水浴中冷却，使糠酸析出完全，抽滤，10mL 冷水洗涤，抽干，得糠酸粗品。用 6 倍量的蒸馏水重结晶，得白色针状结晶，干燥。称重，计算产率，熔点应为 133～134℃。

（三）预习

醛歧化反应机制。

（四）思考题

1. 为什么酸化是影响制备糠酸收率的关键？如何促使转化完全？

2. 配制 25% 盐酸溶液 25mL，需要用多少浓盐酸（36%）？加多少水？

3. 如何利用歧化反应，将糠醛全部转化成糠酸？

（五）注意事项

[1] 糠醛存放过久会变为黄褐色并发生树脂化，同时含有水分。因此，使用前需蒸馏提纯，收集155～162℃的馏分。新蒸过的糠醛为无色或浅黄色液体，有杏仁气味。

[2] 进行浓碱操作时，要注意安全，使用过的玻璃仪器要马上清洗干净。

[3] 反应温度若高于12℃，则反应难以控制，致使反应物变为深红色，若低于8℃，则反应过慢，可能会积累滴加的氢氧化钠，一旦发生反应，会过于猛烈，难以控制温度，增加副反应。最终都会影响产物纯度和收率。

[4] 本实验为两相间反应，所以要充分搅拌，加快反应速度。

[5] 纯净糠醇的沸点为171℃，折光率 n_D^{20} 为1.4868。

第三节　乙酰苯胺的合成

产物名称：乙酰苯胺（acetanilide）。

化学名：*N*-乙酰苯胺。

分子量：135.16。

化学结构式：

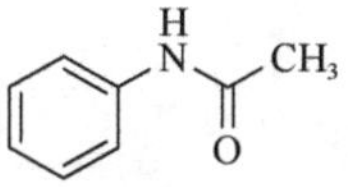

C_8H_9NO

本品为白色结晶性固体；溶于乙醚、乙醇、三氯甲烷、热苯及氢氧化钠溶液，微溶于水，难溶于氨水及碳酸钠溶液；在空气中较稳定，与三氯化铁溶液作用变成青紫色，纯净的乙酰苯胺的熔点是114℃。

一、目的要求

了解酰化剂及酰化反应的特点。

二、实验原理

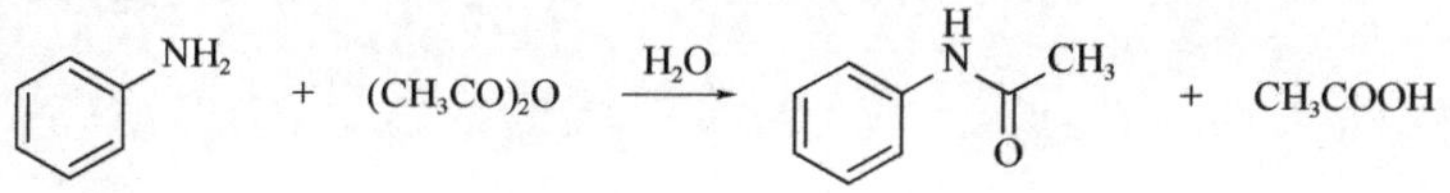

三、实验方法

（一）主要原料规格及用量

乙酰苯胺合成的主要原料规格及用量见表4-3。

表4-3　乙酰苯胺合成的主要原料规格及用量

原料名称	规格	用量	物质的量（mol）	物质的量比
乙酸酐	CP（*d*为1.08）	14mL	0.07	1.4
苯胺	CP（*d*为1.02）	10mL	0.05	1.0
水	蒸馏水	30mL	—	—

（二）操作

在装有搅拌子、温度计、回流冷凝管及滴液漏斗的250mL三颈瓶中加入10mL苯胺、30mL水，搅拌下滴加乙酸酐14mL，控制滴加速度使反应温度不超过40℃，加毕，室温搅拌反应30min，放置1h后抽滤，以冷水洗涤滤饼至洗水呈中性。

抽干得粗品乙酰苯胺。称量、测熔点、计算收率。乙酰苯胺纯品熔点应为114℃。

（三）思考题

1. 为什么要洗涤滤饼至洗水呈中性？

2. 如果要得到乙酰苯胺纯品，可采取哪种方法精制？

第四节 对硝基乙酰苯胺的合成

产物名称：对硝基乙酰苯胺（4-nitroacetanilide）。

化学名：4-硝基乙酰苯胺。

分子量：180.16。

化学结构式：

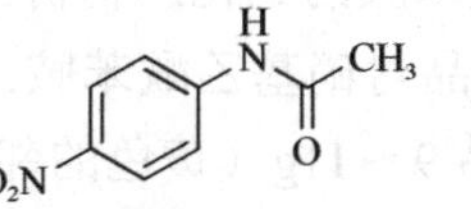

$C_8H_8N_2O_3$

本品为白色菱形晶体，熔点为213～214℃。溶于热水和乙醇、乙醚，几乎不溶于冷水。在氢氧化钾溶液中呈橙色，水解生成对硝基苯胺，还原生成对氨基乙酰苯胺。

一、目的要求

了解不同硝化剂的用途和其硝化产物异构体比例及其分离方法。

二、实验原理

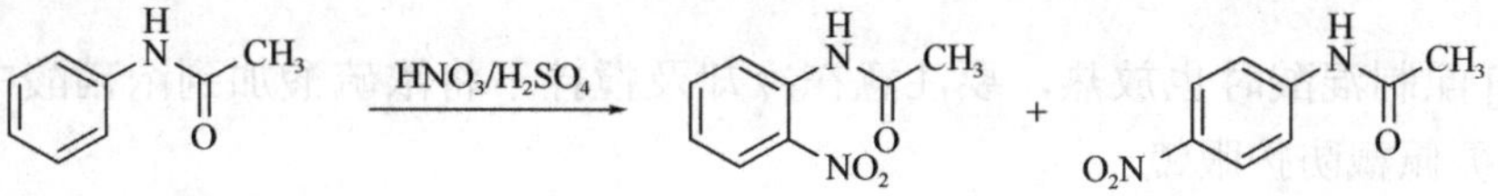

三、实验方法

（一）主要原料规格及用量

对硝基乙酰苯胺的合成主要原料规格及用量见表4-4。

表4-4 对硝基乙酰苯胺合成的主要原料规格及用量

原料名称	规格	用量	物质的量（mol）	物质的量比
乙酰苯胺	CP	13.5g	0.1	1
冰醋酸	CP（*d*为1.05）	13.5mL	0.2	2
浓硫酸	CP	33mL	—	—
浓硝酸	65%～68%	6.9mL	—	—
乙醇溶液	95%	130mL	—	—
冰	—	130g	—	—

（二）操作

在装有搅拌子、温度计、回流冷凝管及滴液漏斗的250mL三颈瓶中加入乙酰苯胺13.5g、冰醋酸13.5mL，在搅拌及水浴冷却下小心滴加27mL浓硫酸[1]，滴加过程中保持反应温度低于30℃。用冰盐浴冷却此反应液至0℃，由滴液漏斗滴加混酸（浓硫酸6mL，浓硝酸6.9mL）[2]，滴加过程中，控制滴加速度使反应温度不超过10℃[3]。滴加完毕，室温下放置反应1h，然后将反应混合物在搅拌下倒入130g碎冰中，立即有浅黄色的乙酰苯胺的硝化产物析出，待碎冰全部融化后抽滤，用冰水洗涤滤饼至中性，抽干得粗品对硝基乙酰苯胺。用130mL 95%乙醇溶液重结晶，抽滤，得对硝基乙酰苯胺精品9～11g（黄色的邻硝基乙酰苯胺留在乙醇中），熔点应为213～214℃。

（三）思考题

1. 本实验采用乙醇重结晶的方法分离乙酰苯胺硝化产物中的邻、对位异构体，依据是什么？

2. 有时制得的混酸带有浅棕色，分析原因。

（四）注意事项

[1] 加入浓硫酸时剧烈放热。因此需慢慢加入，必要时需冷却，这时溶液呈澄清状。

[2] 配制混酸时也放热，要注意在冷却及搅拌下将浓硫酸加到浓硝酸中配制。操作者要佩戴防护眼镜。

[3] 乙酰苯胺在低温下硝化主要得对位异构体，而在10℃以上随温度的升高，邻位异构体的生成量增加，在40℃时，邻位异构体的量可达25%。

第五节　2,4-二氯乙酰苯胺的合成

产物名称：2,4-二氯乙酰苯胺（2,4-dichloroacetanilide）。

化学名：2,4-二氯乙酰苯胺。

分子量：204.05。

化学结构式：

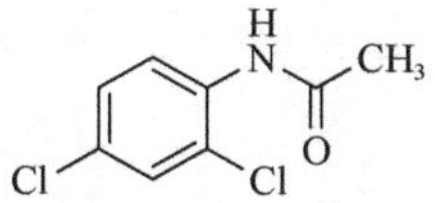

$C_8H_7NOCl_2$

本品为白色结晶，熔点为146℃；溶于乙醇。

一、目的要求

了解并掌握卤化剂的分类及卤化反应的特点和反应条件。

二、实验原理

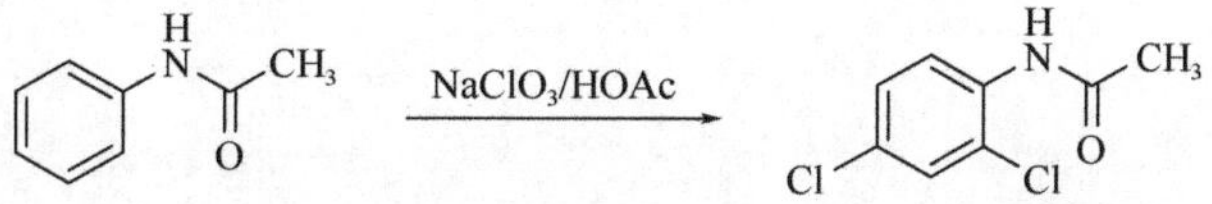

三、实验方法

（一）主要原料规格及用量

2,4-二氯乙酰苯胺的合成主要原料规格及用量见表4-5。

表4-5　2,4-二氯乙酰苯胺的合成主要原料规格及用量

原料名称	规格	用量	物质的量（mol）	物质的量比
乙酰苯胺	自制	10g	0.07	1
冰醋酸	CP（*d*为1.05）	20mL	0.30	4
浓盐酸	CP	35mL	—	—
氯酸钠	CP	3.5g	—	—
甲醇溶液	80%（*V*/*V*）	适量	—	—

（二）操作

将乙酰苯胺10g、冰醋酸20mL加到装有搅拌子、温度计及回流冷凝器的250mL三颈瓶中，搅拌使之混合均匀，加浓盐酸35mL，冰水浴冷却下，滴加配制好的氯酸钠溶液（3.5g氯酸钠溶于15mL水中），保持反应温度在20～35℃。滴加完毕，室温搅拌反应1.5h，抽滤，水洗滤饼至中性，得粗品。将粗品按4∶1（*V*/*w*）比例用80%甲醇溶液重结晶得纯品。

（三）思考题

1. 本实验中氯化的原理是什么？

2. 可否选用其他类型的氯化剂？

第六节　对硝基苯甲酸的合成

产物名称：对硝基苯甲酸（4-nitrobenzoic acid）。

化学名：4-硝基苯甲酸。

分子量：167.12。

化学结构式：

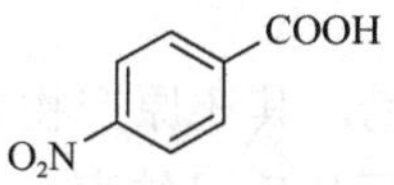

$C_7H_5NO_4$

本品为白色或浅黄色结晶；熔点为 236～238℃；溶于乙醇、乙醚、三氯甲烷，不溶于水。

一、目的要求

了解氧化剂的使用特点及其应用。

二、实验原理（A 法：高锰酸钾法）

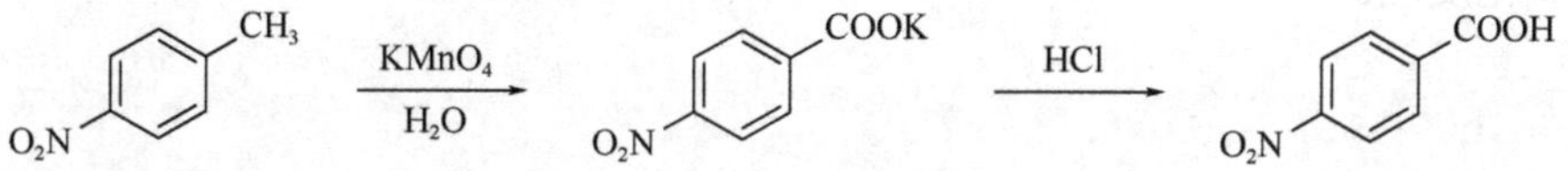

三、实验方法

（一）主要原料规格及用量

对硝基苯甲酸的合成主要原料规格及用量见表 4-6。

表 4-6　对硝基苯甲酸的合成主要原料规格及用量

原料名称	规格	用量	物质的量（mol）	物质的量比
对硝基甲苯	CP	7g	0.05	1.0
高锰酸钾	CP	20g	0.13	2.6
浓盐酸	CP	10mL	—	—
水	—	适量	—	—

（二）操作

在装有搅拌子、温度计、回流冷凝器的 250mL 三颈瓶中，依次加入对硝基甲苯 7g、水 100mL、高锰酸钾 10g。开动搅拌，加热至 80℃ [1]。反应 1h 后，在此温度下再加入高锰酸钾 5g，反应 1h 后，再加入高锰酸钾 5g。反应 0.5h 后，升温使反应液保持微沸，直到高锰酸钾的颜色完全消失 [2]。冷却反应液至室温 [3]，抽滤，以 20mL 水洗一次。在搅拌下，用 10mL 浓盐酸酸化滤液[4]。抽滤，用少量的水洗涤两次。抽干得产品，熔点应为 236～238℃。以乙醇为溶剂重结晶得精品。

（三）思考题

实验中高锰酸钾为什么要分批加入？

（四）注意事项

[1] 温度高时，对硝基甲苯随蒸气进入冷凝器后结晶于冷凝器内壁上影响反应的产率。

[2] 高锰酸根离子有特征性鲜红色，其还原产物二氧化锰为棕色固体。因此，当高锰酸钾颜色褪尽而呈棕色时，表示反应已结束。

[3] 室温下，未反应的对硝基甲苯结晶出来，过滤即可除掉，否则温度较高时它将进入滤液中。

[4] 加入浓盐酸时要注意搅拌，此时有大量白色固体出现，pH 为 1～2。

B 法：$Na_2Cr_2O_7$ 氧化法

本实验也可采用 $Na_2Cr_2O_7$ 氧化法，可参考本书第三章第六节苯佐卡因的合成中的氧化反应。

第七节 呋喃丙烯酸的合成

产物名称：呋喃丙烯酸（2-furanacrylic acid）。

化学名：3-(2-呋喃基)-2-丙烯酸。

分子量：138.12。

化学结构式：

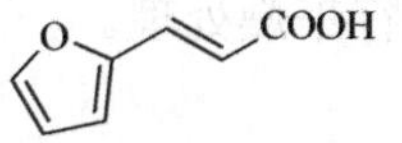

$C_7H_6O_3$

本品为针状结晶；微溶于水，能溶于醇、醚和冰醋酸。

一、目的要求

了解 Knoevenagel 反应的应用范围及一般反应条件。

二、实验原理

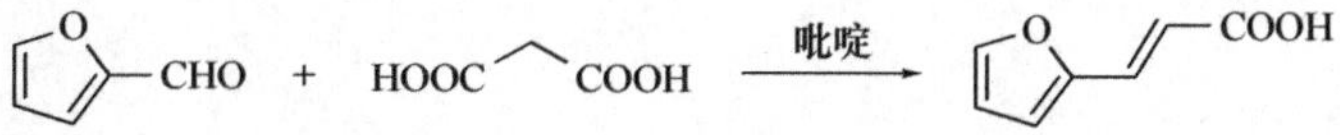

三、实验方法

（一）主要原料规格及用量

呋喃丙烯酸的合成主要原料规格及用量见表 4-7。

表 4-7 呋喃丙烯酸的合成主要原料规格及用量

原料名称	规格	用量	物质的量（mol）	物质的量比
呋喃甲醛（新蒸）	CP	4.9g	0.05	1
丙二酸	CP	5.3g	0.05	1
吡啶	CP	2.5mL	—	—
浓氨水	CP	约 10mL	—	—
稀盐酸（1∶1）	—	适量	—	—

（二）操作

在装有球形冷凝管的 50mL 圆底烧瓶中加入 4.9g 呋喃甲醛（新蒸）、5.3g 干燥丙二酸、2.5mL 干燥吡啶[1]，加热回流 2h。冷却到室温后，将反应液转移到 250mL 烧杯中，加入 50mL 水稀释，再加入浓氨水（约 10mL），直到生成的酸全部溶解为止，抽滤，用少量水淋洗滤饼。合并滤液及洗液，在搅拌下，用稀盐酸（1∶1）调至 pH＜3，在冷水中冷却酸化液，使固体结晶完全，抽滤，用水洗滤饼两次（每次约 20mL），干燥后得呋喃丙烯酸，用乙醇重结晶可得精品。熔点为139～140℃。

（三）思考题

1. 实验中吡啶的作用是什么？

2. 还可以采用其他哪种反应制备该化合物？

（四）注意事项

[1] 本实验所用的原料应事先进行干燥处理。

第八节　氯代叔丁烷的合成

产物名称：氯代叔丁烷（ter-butylchloride）。

化学名：2-氯-2-甲基丙烷。

分子量：92.57。

化学结构式：

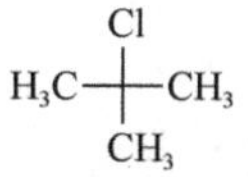

C_4H_9Cl

本品为无色透明液体，能与乙醇、乙醚相混溶，难溶于水；沸点为50～52℃，密度为0.851g/mL（25℃）。

一、目的要求

了解叔醇的卤代反应机制、卤化剂的种类及特点。

二、反应式

三、实验方法

（一）主要原料规格及用量

氯代叔丁烷的合成主要原料规格及用量见表4-8。

表4-8　氯代叔丁烷的合成主要原料规格及用量

原料名称	规格	用量	物质的量（mol）	物质的量比
叔丁醇	CP（*d* 为0.79）	10g	0.12	1.0
浓盐酸	CP	33mL	0.40（氯化氢）	3.3
碳酸氢钠溶液	5%	50mL	—	—

（二）操作

在配有搅拌子、温度计及回流冷凝器的250mL三颈瓶中加入10g叔丁醇，33mL浓盐酸，室温下搅拌反应1h，静置分层，弃去水层，有机层以5%碳酸氢钠溶液洗涤2次（25mL×2），将有机相用无水硫酸镁干燥0.5h，常压蒸馏，收集50～53℃的馏分，所得产品为无色透明液体。

（三）思考题

1. 采用碳酸氢钠溶液洗涤的目的是什么？

2. 是否可采用其他氯代试剂完成该反应？

第九节　二苯甲醇的合成

产物名称：二苯甲醇（benzhydrol）。

化学名：二苯甲醇。

分子量：184.23。

化学结构式：

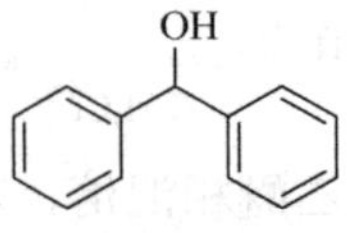

$C_{13}H_{12}O$

本品为白色结晶，熔点为 66～68℃。

一、目的要求

了解酮的还原反应机制、还原剂的种类及特点。

二、实验原理

三、实验方法

（一）主要原料规格及用量

二苯甲醇的合成主要原料规格及用量见表 4-9。

表 4-9　二苯甲醇的合成主要原料规格及用量

原料名称	规格	用量	物质的量（mol）	物质的量比
二苯酮	CP	18.2g	0.10mo1	2
硼氢化钠（$NaBH_4$）	CP	1.9g	0.05mo1	1
乙醇溶液	95%	100mL	—	—

（二）操作

在装有搅拌子、温度计和回流冷凝器的 250mL 三颈瓶中，加入 18.2g 二苯酮，100mL 95% 乙醇溶液，加热使反应物全部溶解，冷却至室温，搅拌下分批加入 1.9g 硼氢化钠，控制硼氢化钠的加入速度以保持反应温度在 50℃以下为宜 [1]。加毕，加热回流反应 1h，此过程中有大量气泡放出，冷却至室温，加 100mL 冷水稀释反应液，然后慢慢滴加 10% 盐酸溶液，以分解过量的硼氢化钠。反应物冷却至室温后，抽滤，用少量水洗涤滤饼，抽干得粗品。粗品可用石油醚（沸点为30～60℃）进行重结晶。

（三）思考题

1. 除了本实验提供的方法外，试设计从其他途径合成二苯甲醇。

2. 本实验中反应以后为什么要加入10%盐酸溶液？

（四）注意事项

[1] 反应大量放热，必要时可采取冷却措施。

第十节 苯亚甲基苯乙酮（查耳酮）的合成

产物名称：苯亚甲基苯乙酮（chalcone，查耳酮）。

化学名：1,3-二苯基-2-丙烯-1-酮。

分子量：208.26。

化学结构式：

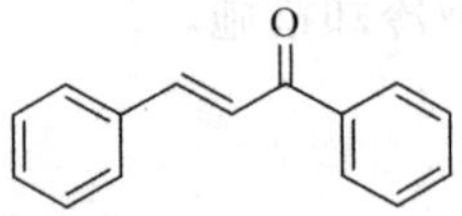

$C_{15}H_{12}O$

本品为白色结晶，熔点为55～57℃。

一、目的要求

了解羟醛（aldol）缩合反应机制、特点及反应条件。

二、实验原理

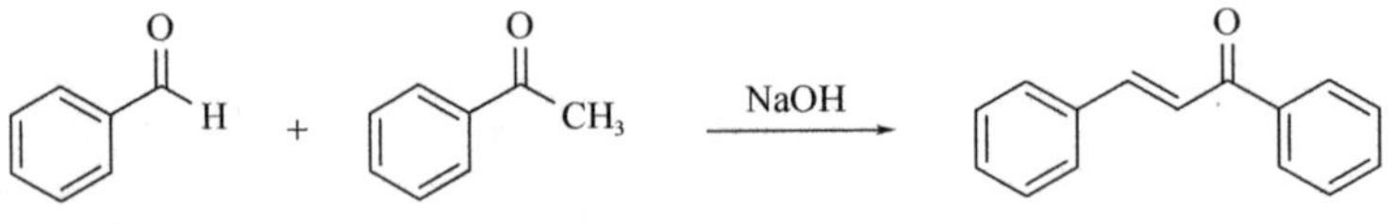

三、实验方法

（一）主要原料规格及用量

查耳酮的合成主要原料规格及用量见表4-10。

表4-10 查耳酮的合成主要原料规格及用量

原料名称	规格	用量	物质的量（mol）	物质的量比
苯甲醛	CP	9.2g	0.09	1
苯乙酮	CP	10.4g	0.09	1
乙醇溶液	95%	25mL	—	—
氢氧化钠	CP	4.4g	—	—

（二）操作

在装有搅拌子、温度计、回流冷凝及滴液漏斗的250mL的三颈瓶中，加入氢氧化钠溶液（4.4g氢氧化钠溶于40mL水），25mL 95%乙醇溶液及10.4g苯乙酮，水浴加热到20℃，滴加9.2g苯甲醛，控制滴加速度以反应温度维持在20～25℃为宜[1]。加毕，继续在该温度下搅拌反应0.5h，加入少量苯亚甲基苯乙酮作晶种[2]，室温下继续搅拌1.5h，即有固体析出，抽滤，以水洗涤滤饼至洗水呈中性，抽干得粗品约 13g。粗品可用乙酸乙酯重结晶，得浅黄色针状结晶，熔点应为 55～57℃。

（三）思考题

1. 本实验中有哪些副反应可能发生？采取什么措施可尽量避免副产物的生成？

2. 本实验中，苯甲醛和苯乙酮的羟醛加成产物为什么不稳定？

（四）注意事项

[1] 反应温度不要高于 30℃，低于 15℃，温度过高，副产物多，温度过低，产品发黏，不好抽滤和洗涤。

[2] 加入晶种后，一般室温下搅拌 0.5h 析出结晶，继续搅拌 1h 即可抽滤。

第十一节 间硝基苯甲醛的合成

产物名称：间硝基苯甲醛（3-nitrobenzaldehyde）。

化学名：3-硝基苯甲醛。

分子量：151.12。

化学结构式：

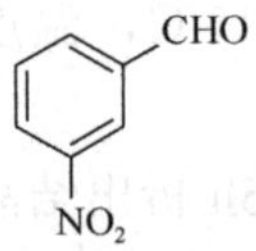

$C_7H_5NO_3$

本品为白色或淡黄色结晶性粉末；能随水蒸气挥发；溶于乙醇、三氯甲烷和乙醚，几乎不溶于水；熔点为 56～58℃。

一、目的要求

1. 了解硝化反应的种类、特点及操作条件。

2. 学习硝化剂的种类和不同应用范围。

二、实验原理

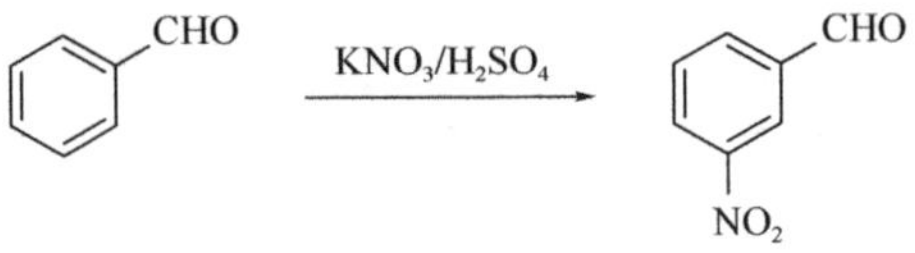

三、实验方法

（一）主要原料规格及用量

间硝基苯甲醛的合成主要原料规格及用量见表 4-11。

表 4-11 间硝基苯甲醛的合成主要原料规格及用量

原料名称	规格	用量	物质的量（mol）	物质的量比
苯甲醛	CP	10g	0.09	1.0
硝酸钾	CP	11g	0.11	1.2
浓硫酸	CP	40mL	—	—
碳酸钠溶液	5%	20mL	—	—

（二）操作

在配有搅拌子、温度计、回流冷凝管和滴液漏斗的 250mL 三颈瓶中，加入 11g 硝酸钾及 40mL 浓硫酸，在冰盐浴中冷却到 0℃，在剧烈搅拌下滴加 10g 苯甲醛，保持反应温度在0～5℃，加毕继续保持此温度搅拌反应1.5h。将反应混合物在搅拌下倾入150g冰水中，析出黄色固体，抽滤，依次用5%碳酸钠溶液20mL、冰水40mL洗涤滤饼，抽干，得间硝基苯甲醛11.8g，熔点应为56～58℃。产品可用苯和石油醚为溶剂重结晶。

（三）思考题

1. 反应中可能的副产物有哪些？

2. 本反应的反应机制是什么？

第十二节 对硝基苯甲醛的合成

产物名称：对硝基苯甲醛（4-nitrobenzaldehyde）。

化学名：4-硝基苯甲醛。

分子量：151.12。

化学结构式：

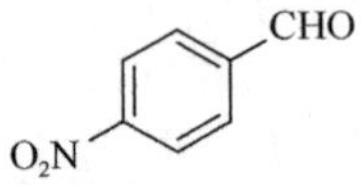

$C_7H_5NO_3$

本品为白色或淡黄色结晶性粉末，能升华，在水蒸气中微有挥发；能溶于醇、苯和冰醋酸，微溶于水和醚；熔点为102～106℃。

一、目的要求

掌握在氧化反应中常用的温和氧化剂的种类、特点及反应条件。

二、实验原理

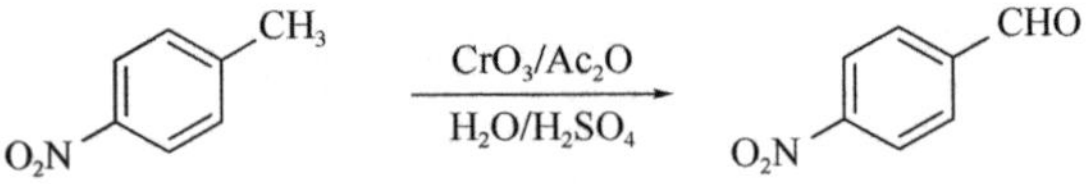

三、实验方法

（一）主要原料规格及用量

对硝基苯甲醛的合成主要原料规格及用量见表4-12。

表4-12 对硝基苯甲醛的合成主要原料规格及用量

原料名称	规格	用量	物质的量（mol）	物质的量比
对硝基甲苯	CP	6.3g	0.05	1.0
铬酐	CP	12.5g	0.13	2.5
乙酸酐	CP	50mL+57mL	—	—
浓硫酸	CP	10mL+2mL	—	—
碳酸钠溶液	5%	40mL	—	—

（二）操作

在装有搅拌子、温度计、回流冷凝器及滴液漏斗的250mL三颈瓶中，加入50mL乙酸酐和6.3g对硝基甲苯，在冰盐浴冷却及搅拌下缓慢加入10mL浓硫酸。在0℃时，搅拌下缓慢滴加事先制好的铬酐乙酸酐混合溶液（12.5g铬酐溶于57mL

乙酸酐中）[1]，不停搅拌，维持温度在 5～10℃ [2]。加毕，在 5～10℃下搅拌反应 2h，然后将反应物倒入 250g 碎冰中，搅匀后加入冰水中稀释至 750mL，冰溶后抽滤，用水洗至洗液无色。抽干，滤饼悬浮在 5% 碳酸钠溶液 40mL 中，充分搅拌后抽滤，依次用水、乙醇（2.5mL）洗涤滤饼，抽干得对硝基苯甲醛二醋酯粗品。

将上述粗品置于 100mL 圆底烧瓶中，加入 20mL 水、20mL 乙醇和 2mL 浓硫酸，加热回流 30min，趁热抽滤，滤液在冰水中冷却，析出结晶，抽滤，用冷水洗涤，干燥得产品 3.5～4g，熔点为 102～106℃。母液用 50mL 水稀释，冷却，还可得部分产品。

（三）思考题

1. 将芳环上的甲基氧化成醛时，为何须经二醋酯一步？

2. 实验除了采用铬酐为氧化剂外，还可以选用哪些氧化剂？

（四）注意事项

[1] 必须把铬酐分小量慢慢加到乙酸酐中。不能反加料，否则易爆炸。

[2] 反应温度控制的好与坏，直接影响反应的收率，温度高，收率明显下降。

第五章　设计性实验

第一节　正交试验设计在药物合成中的应用——阿司匹林合成工艺研究

一、目的要求

1. 了解正交试验的设计原理。

2. 掌握基础正交试验方案的设计和实验结果的分析。

3. 可以自主通过正交试验设计，优化实验条件和工艺。

4. 训练学生自主毕业设计和毕业论文写作能力。

对于单因素或两因素试验，因其因素少，试验的设计、实施与分析都比较简单。但在实际工作中，常需要同时考察三个或三个以上的试验因素，若进行全面试验，则试验的规模将很大，往往因试验条件的限制而难以实施。正交试验设计就是安排多因素试验、寻求最优水平组合的一种高效率试验设计方法。

阿司匹林合成反应式：

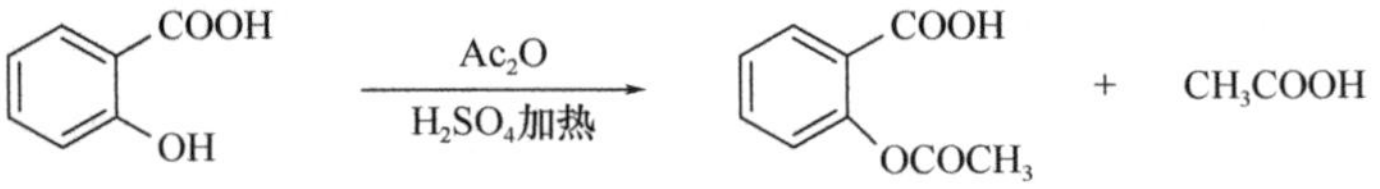

二、正交试验设计的概念及原理

正交试验设计是利用正交表来安排与分析多因素试验的一种设计方法。它是从试验因素的全部水平组合中，挑选部分有代表性的水平组合进行试验，通过对这部分试验结果的分析，了解全面试验的情况，找出最优的水平组合。

正交试验设计的基本特点：用部分试验来代替全面试验，通过对部分试验结果的分析，了解全面试验的情况。

正因为正交试验是用部分试验来代替全面试验，它不可能像全面试验那样对各因素效应、交互作用一一分析；当交互作用存在时，有可能出现交互作用的混杂。虽然正交试验设计有上述不足，但它能通过部分试验找到最优水平组合，因而在各领域都得到了广泛的应用。在药学领域，可以用正交试验优选合成工艺条件。

三、正交表及其基本性质

（一）正交表

正交表是已经做好的规格化的表，是正交试验法的基本工具，具有良好的均衡搭配性，常用的正交表有 $L_4(2^3)$、$L_9(3^4)$、$L_8(2^7)$ 等，见附录 4。

（二）正交表的基本性质

1. 正交性

（1）任一列中，各水平都出现且出现的次数相等。

（2）任两列之间各种不同水平的所有可能组合都出现且出现的次数相等。

例如，$L_9(3^4)$ 中 (1, 1)，(1, 2)，(1, 3)，(2, 1)，(2, 2)，(2, 3)，(3, 1)，(3, 2)，(3, 3) 各出现一次。即每个因素的一个水平与另一因素的各个水平所有可能组合次数相等，表明任意两列各个数字之间的搭配是均匀的。

2. 代表性 ①任一列的各水平都出现，使得部分试验中包括了所有因素的所有水平；②任两列的所有水平组合都出现，使任意两因素间的试验组合为全面试验；③由于正交表的正交性，正交试验的试验点必然均衡地分布在全面试验点中，具有很强的代表性。因此，部分试验寻找的最优条件与全面试验所找的最优条件，应有一致的趋势。

3. 综合可比性

（1）任一列的各水平出现的次数相等。

（2）任两列间所有水平组合出现次数相等，使得任一因素各水平的试验条件相同。这就保证了在每列因素各水平的效果中，最大限度地排除了其他因素的干扰。从而可以综合比较该因素不同水平对试验指标的影响情况。

正交表的三个基本性质中，正交性是核心，是基础，代表性和综合可比性是正交性的必然结果。

（三）正交表的类别

1. 等水平正交表 各列水平数相同的正交表称为等水平正交表。例如，$L_4(2^3)$、$L_8(2^7)$ 等各列中的水平为 2，称为 2 水平正交表；$L_9(3^4)$ 各列水平为 3，称为 3 水平正交表。

2. 混合水平正交表 各列水平数不完全相同的正交表称为混合水平正交表。例如，$L_8(4\times2^4)$ 表中有一列的水平数为 4，有 4 列水平数为 2，即该表可以安排一个 4 水平因素和 4 个 2 水平因素。

四、正交试验设计的基本程序

正交试验设计的基本程序包括试验方案设计及试验结果分析两部分。

（一）试验方案设计

1. 明确试验目的，确定试验指标 试验设计前必须明确试验目的，即本次试验要解决什么问题。试验目的确定后，需要确定出试验结果的衡量指标。试验指标可为定量指标，也可为定性指标。一般为了便于试验结果的分析，定性指标可按相关的标准打分或将定性指标进行定量化处理（图 5-1、图 5-2）。

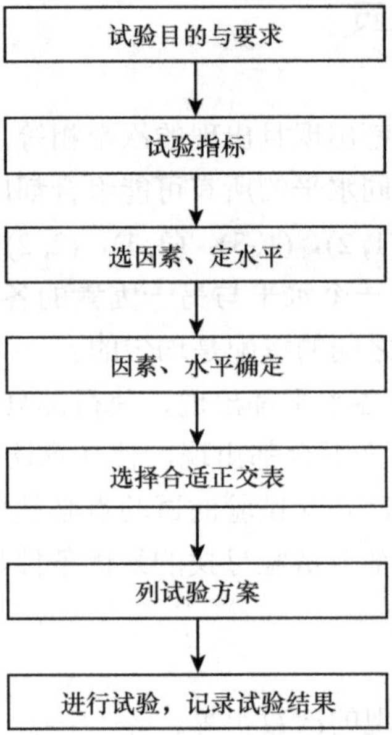

图 5-1 试验方案设计流程图

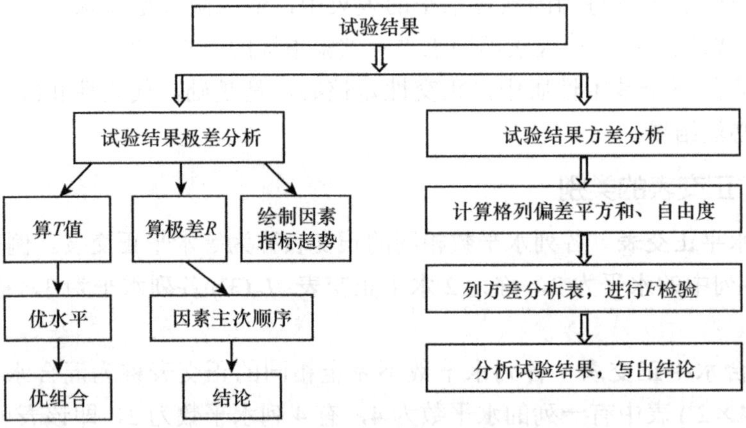

图 5-2 试验结果分析流程图

2. 选因素、定水平，列因素水平表 根据专业知识、以往的研究结论和经验，从影响试验指标的诸多因素中，通过因果分析筛选出需要考察的试验因素。一般确定试验因素时，应以对试验指标影响大的因素、尚未考察过的因素、尚未完全掌握其规律的因素为先。试验因素选定后，根据所掌握的信息资料和相关知识，确定每个因素的水平，一般以 2～4 个水平为宜。对主要考察的试验因素，可以多取水平，但不宜过多（≤6），否则试验次数骤增。因素的水平间距，应根据专业知识和已有的资料，尽可能把水平值取在理想区域。

3. 选择合适的正交表 正交表的选择是正交试验设计的首要问题。确定了因素及其水平后，根据因素、水平及需要考察的交互作用的多少来选择合适的正交表。正交表的选择原则是在能够安排下试验因素和交互作用的前提下，尽可能选用较小的正交表，以减少试验次数。

4. 表头设计 表头设计就是把试验因素和要考察的交互作用分别安排到正交表的各列中的过程。在不考察交互作用时，各因素可随机安排在各列上；若考察交互作用，就应按所选正交表的交互作用列表安排各因素与交互作用，以防止设计“混杂”。

5. 编制试验方案，按方案进行试验，记录试验结果 把正交表中安排各因素的列（不包含欲考察的交互作用列）中的每个水平数字换成该因素的实际水平值，便形成了表 5-1 中的正交试验方案。

下面，以阿司匹林合成工艺研究为例，确定 $L_9(3^4)$ 正交试验设计方案。

考察指标为阿司匹林的产量。四因素分别为 A（浓硫酸用量）、B（乙酸酐用量）、C（反应时间）、D（反应温度）。每个因素选三个水平，A（浓硫酸用量）为 A_1 5 滴、A_2 10 滴、A_3 15 滴；B（乙酸酐用量）为 B_1 20mL、B_2 25mL、B_3 30mL；C（反应时间）为 C_1 40min、C_2 50min、C_3 60min；D（反应温度）为 D_1 70℃、D_2 80℃、D_3 90℃。

将确定的因素和水平，按照“因素顺序上列，位级对号入座”的原则，列出 $L_9(3^4)$ 正交试验方案表。

全班同学随机分组，进行试验，记录试验结果。

表 5-1 $L_9(3^4)$ 试验方案、试验结果及结果分析

试验分组 试验条件	A （浓硫酸用量）	B （乙酸酐用量）	C （反应时间）	D （反应温度）	试验结果 产量（g）
1	A_1（5 滴）	B_1（20mL）	C_3（60min）	D_2（80℃）	14
2	A_2（10 滴）	B_1（20mL）	C_1（40min）	D_1（70℃）	13
3	A_3（15 滴）	B_1（20mL）	C_2（50min）	D_3（90℃）	17
4	A_1（5 滴）	B_2（25mL）	C_2（50min）	D_1（70℃）	16
5	A_2（10 滴）	B_2（25mL）	C_3（60min）	D_3（90℃）	8
6	A_3（15 滴）	B_2（25mL）	C_1（40min）	D_2（80℃）	10
7	A_1（5 滴）	B_3（30mL）	C_1（40min）	D_3（90℃）	11
8	A_2（10 滴）	B_3（30mL）	C_2（50min）	D_2（80℃）	15
9	A_3（15 滴）	B_3（30mL）	C_3（60min）	D_1（70℃）	12

续表

试验分组 试验条件	A （浓硫酸用量）	B （乙酸酐用量）	C （反应时间）	D （反应温度）	试验结果 产量（g）
T_{ij}	T_{11}=41	T_{12}=44	T_{13}=34	T_{14}=41	T=116
	T_{21}=36	T_{22}=34	T_{23}=48	T_{24}=39	
	T_{31}=39	T_{32}=38	T_{33}=34	T_{34}=36	
R_j	R_1=5	R_2=10	R_3=14	R_4=6	

（二）试验结果分析

正交试验设计的直观分析就是要通过计算，将各因素、水平对试验结果指标的影响大小，通过极差分析，综合比较，以确定最优化试验方案的方法。

1. 直接看 表 5-1 在 9 组试验中，以第 3 组试验的结果 17g 为最高，其生产条件是 $A_3B_1C_2D_3$。由于全面搭配试验有 81 种，现只做了 9 组，9 组试验中最好的结果是否一定是全面搭配试验中最好的结果呢？还需进一步分析。

2. 算一算

（1）正交试验结果的极差分析：一般地，定义 T_{ij} 为正交试验结果的第 j 列中，与水平 i 对应的各次试验结果之和（i=1, 2, 3；j=1, 2, 3, 4）。T 为 9 次试验结果的总和，R_j 为第 j 列的 3 个 T_{ij} 中最大值与最小值之差，称为极差。显然 $T=\sum_{i=1}^{3}T_{ij}$，j=1, 2, 3, 4。

T_{11} 大致反映了 A_1 对试验结果的影响，T_{21} 大致反映了 A_2 对试验结果的影响，T_{31} 大致反映了 A_3 对试验结果的影响，T_{12}、T_{22} 和 T_{32} 分别反映了 B_1、B_2、B_3 对试验结果的影响，T_{13}、T_{23} 和 T_{33} 分别反映了 C_1、C_2、C_3 对试验结果的影响，T_{14}、T_{24} 和 T_{34} 分别反映了 D_1、D_2、D_3 对试验结果的影响。

R_j 反映了第 j 列因素的水平改变对试验结果的影响大小，R_j 越大反映第 j 列因素影响越大。由极差大小顺序排出因素的主次顺序：C；B；D、A（R_j 值相近的两因素间用“、”隔开，而 R_j 值相差较大的两因素间用“；”隔开）。由此看出，阿司匹林的合成过程中要控制好因素 C，即反应时间，其次是要考虑因素 B，即要控制好乙酸酐的用量，然后是反应温度和浓硫酸用量。

选择较好的因素水平搭配与所要求的指标有关。若要求指标越大越好，则应选取指标大的水平。反之，若希望指标越小越好，应选取指标小的水平。在阿司匹林的合成研究中，希望产量越高越好，所以应在第 1 列选最大的 T_{11}=41；即取水平 A_1，同理可选 $B_1C_2D_1$。故上述工艺中的因素水平搭配是 $A_1B_1C_2D_1$。我们也可以看出，算出的结果和直接看的结果不完全一致。多指标、有交互作用和混合型正交设计及结果分析，我们不做讲述。

为了更直观地观察各因素对指标的影响情况，我们还可以画趋势图。趋势图可考察多位级正交试验位级的变化趋势，以展望更好的位级。以各因素水平为横坐标，试验指标的平均值为纵坐标，绘制因素与指标趋势图。由因素与指标趋势图可以更直观地看出试验指标随着因素水平的变化而变化的趋势，可为进一步试验指明方向。

（2）正交试验结果的方差分析：极差分析法简单明了，通俗易懂，计算工作量少。但这种方法不能将试验中由于试验条件改变引起的数据波动同试验误差引起的数据波动区分开来，也就是说，不能区分因素各水平间对应的试验结果的差异究竟是由于因素水平不同引起的，还是由于试验误差引起的，无法估计试验误差的大小。此外，各因素对试验结果的影响大小无法给予精确的数量估计，不能提出一个标准来判断所考察因素作用是否显著。为了弥补极差分析的缺陷，可采用方差分析。方差分析基本思想是将数据的总变异分解成因素引起的变异和误差引起的变异两部分，构造 F 统计量，作 F 检验，即可判断因素作用是否显著。有兴趣的同学可以深入探讨，在此，我们不进行详述。

五、学生自主正交试验设计要求

学生以班级为单位，结合有机化学实验中的阿司匹林的合成操作，在查阅文献的基础上，用 $L_9(3^4)$ 正交表对阿司匹林合成工艺进行优化设计。写出设计方案和实验结果分析。自主实验 16 学时，完成实验后，交手写实验报告 1 份。实验报告书写要求和学校本科毕业设计要求一致。

六、思考题

1. 正交试验的基本性质是什么？

2. 正交试验设计的基本程序是什么？

3. 思考在现有优化条件下，进一步工艺优化的设计思路。

第二节 苯偶酰的绿色合成工艺研究

一、目的要求

1. 以苯偶酰的绿色合成为例，了解如何进行创新性试验设计。

2. 以苯偶酰的绿色合成为例，了解如何进行工艺研究。

二、设计思路

首先确定实验目的，然后查阅文献，对相关文献进行阅读整理，找出目前合成方法中所存在的问题，即不足之处，然后进行改进，本实验以苯偶酰的合成为例。

（一）实验目的

寻找绿色、高效、廉价的苯偶酰工艺合成方法。结合本科教学实验要求，所选路线必须满足下列要求。

1. 所用路线反应安全、条件温和、污染少。

2. 所用物料价格便宜。

3. 所需反应时间不能太长。

4. 反应应在一步内完成，后处理过程简单。

5. 提高原子经济性。

（二）文献综述（阅读总结文献）

苯偶酰即二苯基乙二酮，是重要的有机化工原料，也是合成药物的中间体，在医药、香料、香精、功能材料、日用化学品生产等领域有着十分广泛的应用。安息香氧化制备苯偶酰是最常用的合成方法。氧化安息香合成苯偶酰所用的氧化剂很多，其氧化方法可以分为两种，一种是直接氧化法，以无机化合物、有机化合物、金属有机化合物或聚合化合物作氧化剂。①无机化合物为氧化剂，常见的氧化方法有硝酸氧化法、铬酸盐氧化法、高锰酸盐氧化法、氯化铁氧化法、硫酸铜氧化法等。但是这些氧化剂均为一次性消耗品，存在反应操作烦琐，分离提纯困难，对环境不友好等缺点。②有机化合物氧化法：此类方法主要用DMSO/$(COCl)_2/CH_2Cl_2$，$(PhCH_2Et_3N)^+Br^-/(PhCO)_2O_2/MeCN$ NBS/CCl_4 作氧化剂，此类方法中氧化剂为一次性消耗品，有的毒性大，有的价格贵，反应操作烦琐，分离提纯困难，对环境污染严重。③金属有机化合物对安息香的氧化：从绿色化学的理念出发，人们研究了新型催化剂M（Salen）催化剂，它对安息香氧化有很好的催化效果，利用空气作为氧化剂，减少了氧化剂的投入成本，反应装置简单，操作方便。经提取后的催化剂，可重复利用，排放物为水，能实现废物的零排放，达到洁净生产，符合绿色化学的要求。文献对此类催化剂的报道较多。④聚合物与安息香反应合成苯偶酰，一些胺或脂的聚合物能氧化安息香，合成苯偶酰。例如，用聚溴代丙烯酰胺氧化安息香，反应5h苯偶酰产率可达99%。另一种是围绕绿色化学概念提出的间接氧化法。例如，微波辐射与催化分子氧对安息香的氧化，相对于常规条件，有着反应时间明显缩短、产率明显提高的优点。

（三）归纳科学问题

文献报道中无机化合物氧化法和有机物氧化法存在诸多问题，金属有机化合物或聚合物氧化虽然绿色高效，但是需要用到配体化合物和聚合物，需要提前配制，不能及时进行反应。间接氧化法，如微波、超声辐射转化率较低；催化分子氧化法需进行金属负载，成本较高，后处理复杂。

（四）路线设计

结合实验目的，针对不足之处进行改进。已报道的文献中，六水合三氯化铁是合成苯偶酰的常用氧化剂。三氯化铁可以避免产生有毒气体，具有氧化效率高、操作方便、易于回收、环境污染较少等优点，然而该工艺反应时间比较长，且六水合三氯化铁易吸潮，难于保存，又易与水溶液形成胶体，给后处理带来不便。人们对其方法进行了改进，将溶剂由水改成冰醋酸，使三氯化铁不能形成氢氧化铁胶体，并引入超声波或微波辅助合成，或用活性氧化铝负载氧化铁作催化剂，常压复相催化分子氧氧化安息香制备苯偶酰。这些方法具有选择性好、原料转化率高，催化剂可回收套用、工艺简单的特点，但是需要制备配体或者金属负载，成本较高，步骤烦琐。过氧化氢是一种比较理想的氧化能力较强的氧化剂，廉价易得，副产物为水，对环境无污染，反应一般在常压下进行，而且市售的30%过氧化氢溶液（双氧水）安全，便于运输使用，反应过程比较安全，操作简便还可以减少金属氧化剂的使用。因此我们考虑采用三氯化铁氧化法和过氧化氢氧化法联用：采用三氯化铁为氧化剂，加入适量双氧水，双氧水将反应后的二价铁氧化为三价铁，可以使三价铁循环利用，减少三氯化铁的用量，同时放出氧气，提高有氧环境。

（五）反应方程式

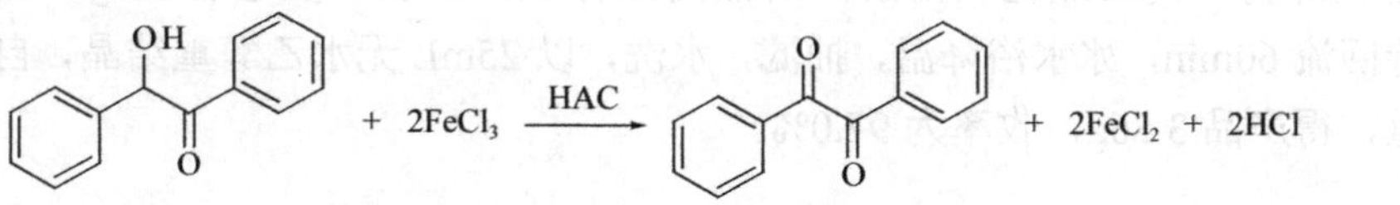

$$2Fe^{3+} + H_2O_2 = O_2 + 2Fe^{2+} + 2H^+$$

$$2Fe^{2+} + H_2O_2 + 2H^+ = 2Fe^{3+} + 2H_2O$$

$$4Fe^{2+} + O_2 + 4H^+ = 4Fe^{3+} + 2H_2O$$

三、实验操作

（一）工艺研究

确定实验思路以后需对工艺进行研究优化。工艺优化主要目的是提高主反应，抑制副反应，具体可以参考陈荣业著的《有机合成工艺优化》，在此进行简单介绍。一般来说，工艺优化需要按以下的步骤进行。

1. 反应原料的选择 反应原料应考虑廉价易得、反应活性适当、减少副产物生成等因素。

2. 反应物质的物质的量的选择 一般来说，相对便宜、易于处理的物质过量。

3. 溶剂选择 主要根据反应的性质和类型来考虑。非质子极性溶剂：乙腈、*N,N*-二甲基甲酰胺。质子极性溶剂：水、醇等。极性非常小的溶剂：石油醚、正己烷、乙酸乙酯、卤代烃类、芳香烃类等。

4. 加料方式选择 可以采用一次性加入、滴加、并加等方式。

5. 反应温度选择 确认主副反应活化能的相对大小并确定温度控制曲线。

6. pH 的影响 强酸、弱酸，强碱、弱碱，有机酸、有机碱的影响等。在质子性溶剂中一般选择无机碱，因为此时无机碱一般溶于这类溶剂中使反应均相进行，在非质子极性溶剂中一般选择有机碱，此时反应为均相反应，若选择无机碱一般不溶于该类溶剂，需加入相转移催化剂。

7. 催化剂的影响 金属催化剂，相转移催化剂，路易斯酸、碱等。

8. 反应时间 寻找最佳反应时间，时间过短则反应不充分，过长则副产物增加。

9. 验证 最优条件确定后，进行验证实验。

（二）苯偶酰合成操作条件

实验过程中，由于原料已经确定，对选择三氯化铁或者无水三氯化铁、双氧水加入顺序、（无水）三氯化铁的量、冰醋酸量、双氧水的量、温度、时间分别进行研究。改变一个量，其余量不变，得到最优条件，然后进行重复性实验进行验证。苯偶酰合成中优化后的最佳操作条件：向 250mL 四颈瓶中加入无水三氯化铁 14.2g（0.088mol），冰醋酸 10mL，水 18mL，双氧水 1mL，开动搅拌，加热 30min 左右至沸腾，使三氯化铁溶解，溶液为红棕色，后加入安息香 3.7g（0.017mol），保持回流 60min，冰水浴降温，抽滤，水洗，以 25mL 无水乙醇重结晶，自然晾干，称重，得产品 3.56g，收率为 97.0%。

四、结果与讨论

1. 三氯化铁种类对收率的影响按照以上试验操作，其余条件不变。

如表 5-2 所示，六水合三氯化铁为氧化剂时，收率较高。

表 5-2　铁盐的种类对收率影响

序号	三氯化铁种类	收率（%）
1	六水合三氯化铁	59
2	无水三氯化铁	52

2. 双氧水的量对收率的影响见表 5-3。

表 5-3　双氧水的量对收率影响

序号	双氧水的量（mL）	收率（%）
1	0	70
2	0.5	88.9
3	1.0	97
4	1.5	90

如表 5-3 所示，双氧水的量为 1mL 时产率最高。

其余条件如下。

3. 双氧水加入顺序。

4. 六水合三氯化铁的量。

5. 冰醋酸量对收率的影响。

6. 温度对收率的影响。

7. 时间对收率的影响。

8. 验证性实验。

总之，实验的设计创新需要充分阅读理解文献，寻找问题所在，吸纳别人的优点，对症下药，找到解决问题的方法。

请同学根据此绿色合成思路，在广泛阅读文献的基础上，对已经学习的实验进行绿色合成的路线设计，并利用开放实验时间完成实验研究。

第三节 α-苯乙胺的制备与拆分

一、目的要求

1. 自主设计 α-苯乙胺的实验室合成路线，学习醛、酮与伯胺的反应（Leuckart-Wallach 反应）原理。

2. 学习常用的分离纯化技术，掌握回流、水蒸气蒸馏、减压蒸馏、萃取、干燥等原理和操作。

3. 熟悉手性化合物的常用化学拆分方法，了解相关操作过程。

4. 了解对光学活性物质纯度的初步评价、旋光度的测定方法及操作。

5. 学习化学试剂回收利用方法，建立良好的实验素质和习惯，培养绿色化学理念。

二、实验试剂和仪器

1. 实验仪器 水蒸气蒸馏装置、减压蒸馏装置、旋光仪、熔点仪、搅拌子、分液漏斗、沸石、电热套、升降台等。

2. 实验试剂 苯乙酮、甲酸铵、浓硫酸、乙醇、氢氧化钠、甲苯、(+)-酒石酸、甲醇、乙醚、无水硫酸镁、三氯甲烷、浓盐酸等。

三、实验步骤

1. α-苯乙胺的制备 α-苯乙胺通常采用 Leuckart-Wallach 反应合成，以苯乙酮和甲酸铵为原料，通过加热沸腾制备。在 100mL 三颈瓶中，放置苯乙酮 12.0g、甲酸铵 20.5g 和搅拌子，组装蒸馏装置。缓慢加热使反应物逐渐熔化，当温度升到 150～155℃时，反应物变为均相，继续加热，反应物剧烈沸腾，伴有水、苯乙酮和碳酸铵蒸出，同时不断产生泡沫放出二氧化碳和氨气，待温度到达 180℃时，停止加热。此时如果冷凝管中生成固体碳酸铵，可关闭冷却水，待碳酸铵溶解后，继续冷凝，馏出液上层的苯乙酮可回收至反应瓶，控制温度为 185℃，继续加热 2h。

将反应物冷却至室温，倒入分液漏斗，加入 25mL 水洗涤，除去甲酸铵和甲酰胺，回收有机层，水层用 20mL 甲苯反复萃取，合并萃取液，将萃取液与回收的有机层合并至原反应瓶。向反应瓶中加入浓盐酸（12mL）和几粒沸石，加热蒸馏除去甲苯后，改装成回流装置，回流 30min。

将反应液冷却至室温，经三氯甲烷（30mL）反复萃取，合并水层倒入 250mL 三颈瓶，在冰水浴中，将 40mL 50% 氢氧化钠溶液缓慢滴加到三颈瓶中，进行水蒸气蒸馏，收集馏出液，当 pH 接近 7 时，停止收集（馏出液约 180mL）。将馏出液的游离胺用甲苯（60mL）萃取，合并萃取液，加入粒状氢氧化钠干燥过夜，蒸馏除去甲苯，继续蒸馏收集 180～190℃馏分，将馏分保存在带有橡胶塞的试剂瓶内，即为(±)-*α*-苯乙胺。

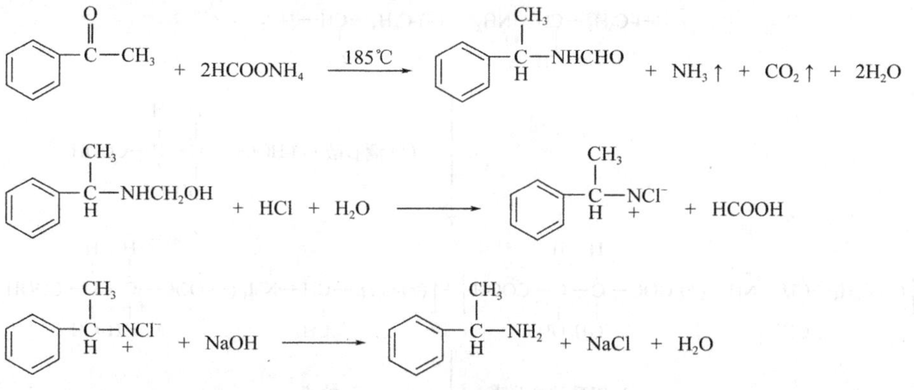

(±)-*α*-苯乙胺

2. (±)-*α*-苯乙胺的手性拆分

（1）制备(−)-*α*-苯乙胺(+)-酒石酸盐：在 100mL 的锥形瓶中放置(+)-酒石酸（3.0g）、甲醇（45mL）和搅拌子，加热回流，待(+)-酒石酸全部溶解，稍稍冷却，滴加与酒石酸等物质的量的(±)-*α*-苯乙胺（上述制备液），滴加完毕后，稍加振荡或微热使其完全溶解，静置冷却过夜，白色棱柱状晶体析出（若生成的晶体为针状和棱柱状结晶的混合物，应将晶体重新加热溶解，冷却，结晶）。抽滤，保留母液，晶体用少量甲醇洗涤，晾干，得到(−)-*α*-苯乙胺(+)-酒石酸盐。

（2）*S*-(−)-*α*-苯乙胺的分离：将制得的(−)-*α*-苯乙胺(+)-酒石酸盐转入 250mL 锥形瓶中，加入 4 倍量的水，搅拌，再加入 2.5mL 50% 氢氧化钠溶液，继续搅拌至晶体完全溶解。将溶液用 30mL 乙醚反复萃取，合并有机层，以粒状氢氧化钠干燥。将溶液移至圆底烧瓶，蒸除乙醚，即得 *S*-(−)-*α*-苯乙胺，测定旋光度。

（3）*R*-(+)-*α*-苯乙胺的分离：将（1）中的母液加热浓缩，除去甲醇。白色残渣用 35mL 水和 6mL 50% 氢氧化钠溶液溶解后，经乙醚（48mL）萃取 3 次，合并有机层，无水硫酸镁干燥。过滤，滤液置于圆底烧瓶中，蒸除乙醚和甲醇，再减压蒸馏收集 85～86℃的馏分，得到白色透明油状物，即为 *R*-(+)-*α*-苯乙胺粗品。

将上述粗品加热溶解于 20mL 乙醇中，继续加入含 0.8g 浓硫酸的乙醇溶液 45mL，静置，析出白色片状结晶，抽滤，将晶体溶于 12mL 热水中，加热沸腾，并缓慢滴加丙酮至浑浊，静置冷却，析出白色针状结晶，抽滤，晶体溶于 10mL 水和 1.5mL 50% 氢氧化钠溶液后，水溶液经乙醚萃取，每次 10mL，萃取三次，合并有机层，以无水硫酸镁干燥，蒸出乙醚，减压蒸馏，收集 72～74℃的馏分，即得 *R*-(+)-*α*-苯乙胺，测定旋光度（图 5-3）。

四、实验结果

1. (±)-*α*-苯乙胺，$C_8H_{11}N$，分子量为 121.18，无色液体，微溶于水，溶于乙醚、

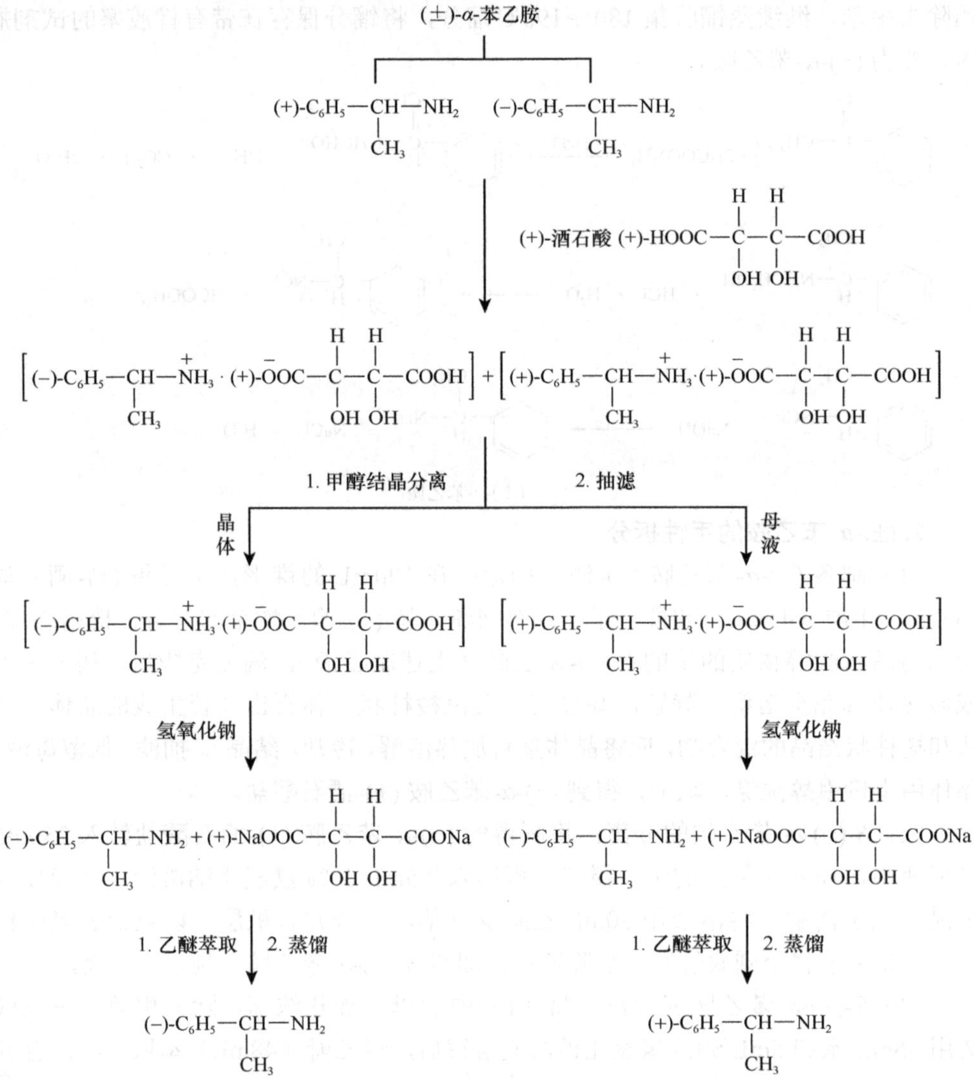

图 5-3 (±)-*α*-苯乙胺的手性拆分

乙醇，熔点为−65℃，沸点为188℃，折光率为 n_D^{25}=1.5260。

2. *S*-(−)-*α*-苯乙胺，无色或淡黄色油状液体，旋光度为 $[\alpha]_D^{25}$=−39.5°。

3. *R*-(+)-*α*-苯乙胺，无色透明油状液体，旋光度为 $[\alpha]_D^{25}$=+39.5°。

五、思考题

1. 实验中，采用三氯甲烷萃取的目的是什么？

2. 水蒸气蒸馏为什么要在碱性条件下进行？

3. 为什么采用 Leuckart-Wallach 反应合成的是外消旋体？

第四节　自主创新实验设计

一、目的要求

1. 了解药物化学实验方案的设计思路。

2. 掌握物质制备实验、物质性质实验、物质鉴别实验方案的设计方法。

3. 进一步提高实验操作技能及实验效率。

二、基本内容

药物化学实验过程大致可分为实验准备、实验实施和实验结果的处理等阶段。在实验的准备阶段中，确定化学实验需要解决的问题和设计实验方案是最主要的工作。

一个相对完整的化学实验方案一般包括下述内容：①实验名称；②实验目的；③实验原理；④实验用品（仪器、药品及规格）；⑤实验步骤（包括实验仪器和操作）；⑥实验现象记录；⑦实验结果（计算产率，化合物结构鉴定）；⑧问题和讨论。

三、基本要求

设计一个实验应从以下几方面入手：根据实验目的，阐明实验原理，选择合适的仪器和药品；根据实验的特点，设计实验装置，画出装置图；根据实验的要求，设计可行的操作步骤和观察重点，分析实验中应注意的事项；实验结束后应写出完整的实验报告。

在进行化学实验方案设计时，应遵循以下几项基本要求。

1. 科学性　科学性是药物化学实验方案设计的首要原则。所谓科学性是指在查阅文献的基础上明确实验原理、确定实验合成路线及操作程序，可以利用网络检索工具，如中国知网、Scifinder 和 Web of Science，确保实验科学性。

2. 安全性　实验设计时应尽量避免使用有毒药品和进行具有一定危险性的实验操作。如果必须使用，应在所设计的实验方案中详细写明注意事项，以防造成环境污染和人身伤害。

3. 可行性　实验设计应尽可能切实可行，所选用的化学药品、仪器、设备和方法等在现有的实验条件下能够得到满足。

4. 简约性　实验设计应尽可能简单易行，应采用简单的实验装置，用较少的实验步骤和实验药品，并能在较短的时间内完成实验。

四、实验设计案例

对同一个药物化学实验，可以设计出多种实验方案。设计的实验方案应具有效果明显、操作安全、装置简单、用药少、步骤少、时间短等优点。

【实验案例】 以3-乙酰基硫代-2-甲基丙酸和*L*-脯氨酸叔丁酯为原料合成卡托普利中间体1-(3-乙酰基硫代-2-甲基-1-氧代-丙基)-*L*-脯氨酸叔丁酯混旋物。

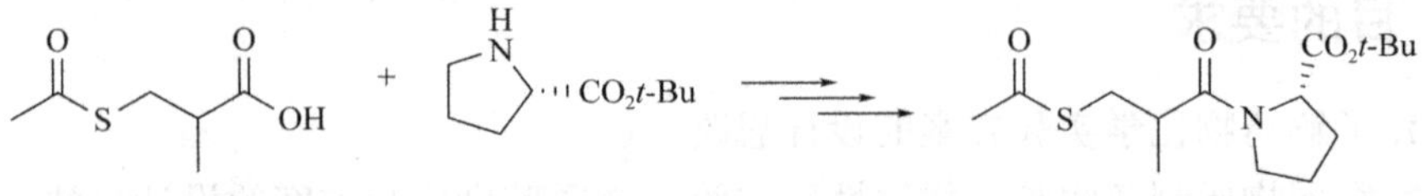

3-乙酰基硫代-2-甲基丙酸　　*L*-脯氨酸叔丁酯　　1-(3-乙酰基硫代-2-甲基-1-氧代-丙基)-*L*-脯氨酸叔丁酯

【设计内容】

1. 实验背景 20世纪70年代，卡托普利由美国施贵宝公司研制成功，1981年，卡托普利在德国首先上市，主要用于治疗各种原发性高血压，具有起效迅速、降压平稳、远期疗效突出等优点，同时对心力衰竭和糖尿病、肾病也有良好的治疗效果，卡托普利又称巯甲丙脯酸，其化学名称为(2*S*)-1-[(2*S*)-2-甲基-3-巯基丙酰基]吡咯烷-2-甲酸。卡托普利为白色结晶或结晶性粉末，熔点为104～110℃；在甲醇、乙醇或三氯甲烷中易溶，在水中溶解。

卡托普利的合成大都以甲基丙烯酸为起始原料，经加成、酰氯化、缩合、光学异构体分离、水解制得。

2. 实验原理 本实验中3-乙酰基硫代-2-甲基丙酸和*L*-脯氨酸叔丁酯的连接是羧酸与胺脱水反应合成酰胺键的过程。

3. 文献查询 利用网络检索工具中国知网，对国内卡托普利合成工艺进行检索。以"卡托普利"、"合成"为关键词进行检索。

4. 合成路线

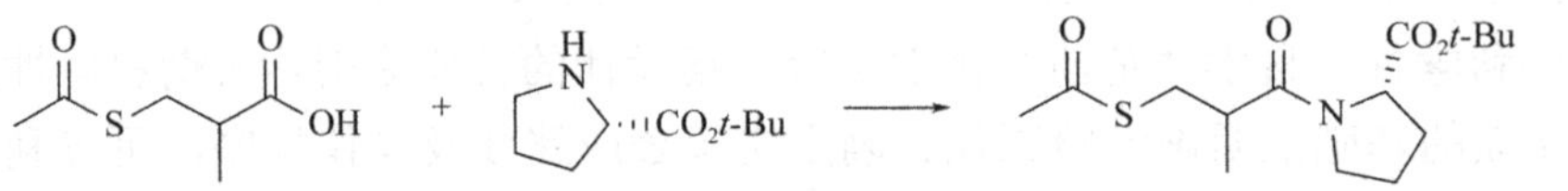

根据文献报道可知，酸与胺制备成酰胺有酰氯法、*N,N'*-二环己基碳二亚胺（DCC）缩合法、混合酸酐法（表5-4），对这三种方法进行比较可知，酰氯法反应速度快，合成时间短，所用试剂少，因此最终确定使用酰氯法。

表5-4 制备酰胺的方法

	酰氯法	DCC缩合法	混合酸酐法
所需试剂	二氯亚砜、三乙胺	DCC、HOBT、NMM	氯甲酸异丁酯、三乙胺
反应条件	加热回流至常温	−10℃至室温	−10℃至室温
反应时间	5～6h	10～12h	8～10h

注：HOBT. 1-羟基苯并三氮唑；NMM. *N*-甲基吗啉

5. 实验试剂与仪器

（1）试剂：3-乙酰基硫代-2-甲基丙酸、*L*-脯氨酸叔丁酯、二氯亚砜、三乙胺、*N*,*N*-二甲基甲酰胺、二氯甲烷、10% 柠檬酸溶液、饱和碳酸氢钠溶液、饱和氯化钠溶液、无水硫酸钠等。

（2）仪器：带酸性尾气吸收装置的普通回流装置（图 5-4）等。

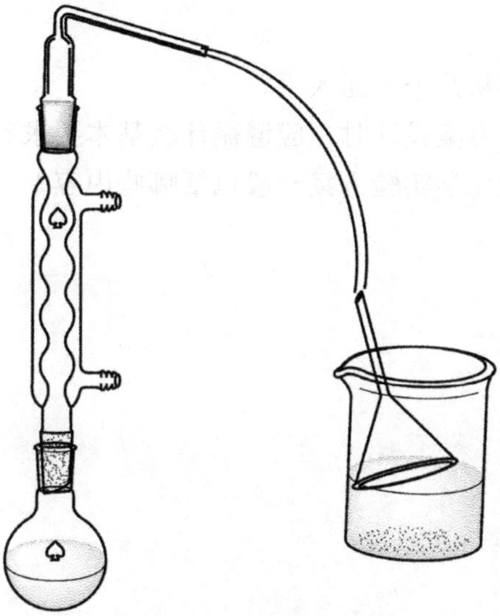

图 5-4　卡托普利制备

6. 实验步骤　在 50mL 圆底烧瓶中，加入 3-乙酰基硫代-2-甲基丙酸（1.0g，6.17mmol，1eq.）和 10mL 的二氯亚砜，滴入 2 滴 *N*,*N*-二甲基甲酰胺，加热回流 1h。停止加热，将反应溶剂蒸干后，加入 20mL 二氯甲烷。向反应瓶中加入 *L*-脯氨酸叔丁酯（1.1g，6.17mmol，1eq.）和三乙胺（0.9mL，12.3mmol，2eq.），然后常温搅拌反应 4h。使用 10% 柠檬酸溶液、饱和碳酸氢钠溶液及饱和氯化钠溶液依次洗涤。有机层用无水硫酸钠干燥，蒸去溶剂后得白色粗产物。

7. 实验结果

（1）称重，计算产率。

（2）薄层色谱法定性鉴定：测定目标化合物 1-(3-乙酰基硫代-2-甲基-1-氧代-丙基)-*L*-脯氨酸叔丁酯的 R_f 值（展开剂为石油醚：乙酸乙酯=3∶1）。

（3）结构鉴定：将目标化合物充分干燥后，测定核磁共振氢谱和碳-13 核磁共振波谱。

【实验设计 1】 以 1-萘酚和环氧氯丙烷为原料设计合成普萘洛尔。

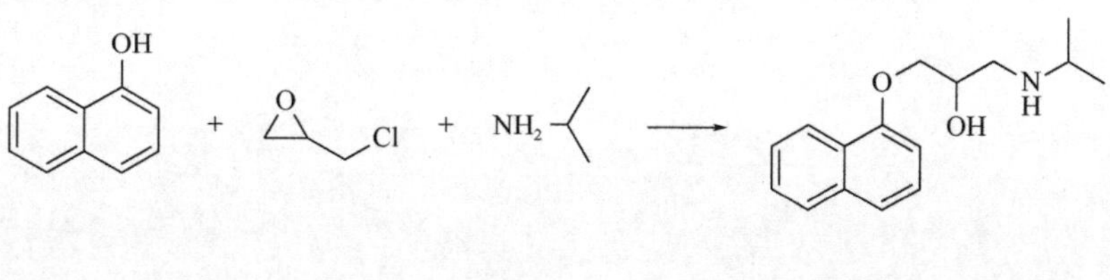

【实验设计 2】 以 6-氯嘌呤为原料合成巯嘌呤。

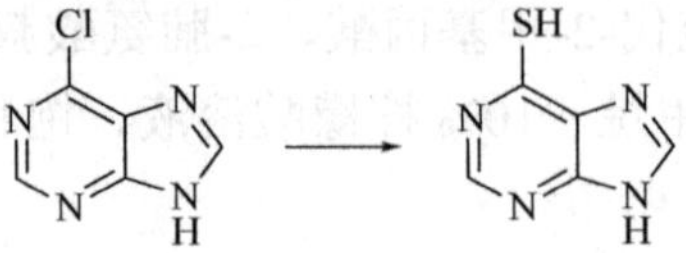

五、思考题

1. 设计一个实验要从几个方面入手？
2. 在进行化学实验方案设计时，应遵循什么基本要求？
3. 一个相对完整的化学实验方案一般包括哪些内容？

参考文献

北京大学化学学院有机化学研究所. 2002. 有机化学实验 [M]. 2 版. 北京: 北京大学出版社.

曹健, 郭玲香. 2018. 有机化学实验 [M]. 3 版. 南京: 南京大学出版社.

常东胜, 潘洪明. 2011. 医学化学实验 [M]. 北京: 科学出版社.

陈雪平, 周友明, 马强, 等. 2016. 混合水平正交设计的最优选择 [J]. 数理统计与管理, 35(3): 403-410.

程晓荟, 朱晓静. 2016. 绿色氧化苯偶姻生成苯偶酰的研究进展 [J]. 山东化工, 45(16): 48-49.

杜会茹, 黄文杰, 杨雷, 等. 2018. Box-Benhnken 设计-响应面法优化四氧化三铁固定化酶催化葡萄糖酸锌合成工艺研究 [J]. 化学试剂, 40(6): 537-541.

黄金鑫, 洪天杰, 黄瑞特, 等. 2016. 安息香氧化法合成苯偶酰的研究述评 [J]. 化学试剂, 38(5): 423-427.

吉卯祉, 黄家卫, 胡冬华. 2013. 有机化学实验 [M]. 3 版. 北京: 科学出版社.

李零, 胡伦香. 2010. 药学专业学生实验教学磺胺醋酰钠合成工艺的改进 [J]. 贵阳医学院学报, 35(6): 646-647.

李柱来, 孟繁浩. 2016. 药物化学实验指导 [M]. 北京: 中国医药科技出版社.

刘庆俭. 2015. 有机化学实验 [M]. 北京: 科学出版社.

刘耀华. 2010. 微波辐射下苯偶姻合成苯偶酰的反应 [J]. 光谱实验室, 27(6): 2370-2372.

鲁玲玲, 许辉, 周攀, 等. 2016. 1,4-二氢吡啶的合成研究进展 [J]. 有机化学, 36(12): 2858-2879.

沈德凤, 王静. 2013. 药物化学实验 [M]. 北京: 中国医药科技出版社.

孙铁民. 2014. 药物化学实验 [M]. 北京: 中国医药科技出版社.

张效嘉, 胡良平. 2017. 试验设计类型之可以考察部分交互作用的多因素设计: 正交设计与均匀设计 [J]. 四川精神卫生, 30(3): 205-210.

El-Ragehy N A, Hegazy M A, AbdElHamid G, et al. 2017. Validated chromatographic methods for the simultaneous determination of sulfacetamide sodium and prednisolone acetate in their ophthalmic suspension[J]. J Chromatogr Sci, 55(10): 1000-1005.

Jain S L, Sharama V B, Sain B. 2006. Highly efficient and selective oxidation of secondary alcohols to ketones under organic solvent and transition metal freeconditioons[J]. Tetradron, 62(29): 6841-6867.

Kayadibi F, Sagdinc S G, Karay Y S. 2015. Density functional theory studies on the corrosion inhibition of benzoin, benzil, benzoin-(4-phenylthiosemicarbazone) and benzil-(4-phenylthiosemicarbazone) of mild steel in hydrochloric acid[J]. Prot Met Phys Chem Surf, 51(1): 143-154.

附 录

附录1 常用有机溶剂物理性质及毒性

名称	分子式	结构式	分子量	物理形态	熔点（℃）	沸点（℃）	相对密度	毒性
甲醇	CH_4O	$H_3C—OH$	32.04	无色液体	−97.7	64.7	0.7913^{20}_{4}	有神经视力损害
乙醇	C_2H_6O	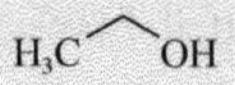	46.07	无色液体	−117.3	78.5	0.7894^{20}_{4}	微毒麻醉性
乙醚	$C_4H_{10}O$	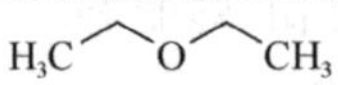	74.12	无色液体	−116.3	34.6	0.7134^{20}_{4}	麻醉性
丙酮	C_3H_6O	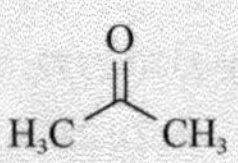	58.08	无色液体	−95.35	56.2	0.7908^{20}_{4}	微毒麻醉性
乙酸	$C_2H_4O_2$	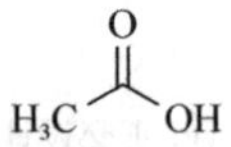	60.05	无色液体	16.7	117.9	1.0492^{20}_{4}	低毒刺激性
乙酸酐	$C_4H_6O_3$	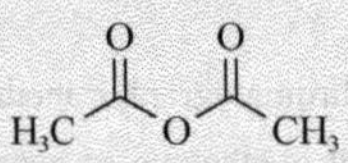	102.09	无色液体	−73.1	140.0	1.0820^{20}_{4}	低毒刺激性
苯	C_6H_6		78.12	无色液体	5.5	80.1	0.8787^{20}_{4}	神经、造血功能损害
甲苯	C_7H_8	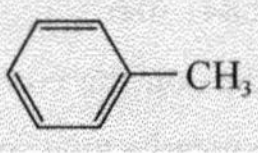	92.14	无色液体	−94.9	110.6	0.8660^{20}_{4}	刺激性和神经损害
三氯甲烷	$CHCl_3$		119.39	无色液体	−63.6	61.1	1.4832^{20}_{4}	麻醉性、易转变为光气
二氯甲烷	CH_2Cl_2	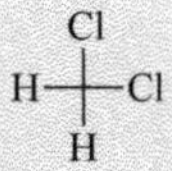	84.93	无色液体	−95	40	1.3265^{20}_{4}	有毒及麻醉性
四氯化碳	CCl_4	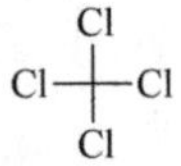	153.82	无色液体	−22.99	76.5	1.5940^{20}_{4}	心、肝、肾损害作用
乙酸乙酯	$C_4H_8O_2$	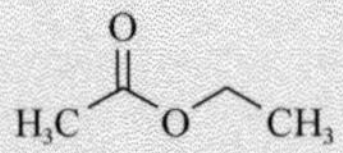	88.11	无色液体	−83.58	77.06	0.9003^{20}_{4}	低毒

续表

名称	分子式	结构式	分子量	物理形态	熔点（℃）	沸点（℃）	相对密度	毒性
四氢呋喃	C_4H_8O		72.11	无色液体	−108.5	65	0.8892^{20}_{4}	肝肾损害
乙腈	C_2H_3N	$H_3C—CN$	41.05	无色液体	−44	81.6	0.7875^{15}_{4}	有毒和刺激性
吡啶	C_5H_5N		79.10	无色液体	−41.6	115.2	0.9827^{25}_{4}	有刺激性，肝肾损害
正丁醇	$C_4H_{10}O$		74.12	无色液体	−89.5	117.7	0.8097^{20}_{4}	低毒
硝基苯	$C_6H_5NO_2$	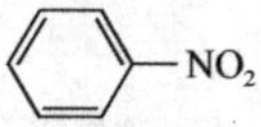	123.11	无色液体	−89.5	82.4	0.7855^{20}_{4}	中等毒性
N,*N*-二甲基甲酰胺	C_3H_7NO	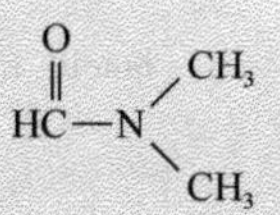	73.10	无色液体	−60.4	153.0	1.4305^{20}_{4}	低毒、有刺激性

附录2 常用酸碱溶液的密度、浓度及配制

溶液	密度（g/cm³）	质量分数（%）	物质的量浓度（mol/L）	配制
浓盐酸	1.19	38	12	
稀盐酸	1.10	20	6	浓盐酸：水=1：1（体积比）
稀盐酸	1.0	7	2	6mol/L 盐酸：水=1：2（体积比）
浓硫酸	1.84	98	18	
稀硫酸	1.18	25	3	稀硫酸：水=1：5（体积比）
稀硫酸	1.06	9	1	3mol/L 硫酸：水=1：2（体积比）
浓硝酸	1.41	68	16	
稀硝酸	1.2	32	6	浓硝酸：水=8：9（体积比）
稀硝酸	1.1	12	2	6mol/L 硝酸：水=3：5（体积比）
冰醋酸	1.05	99.8	17.5	
稀乙酸	1.04	35	6	冰醋酸：水=27：50（体积比）
稀乙酸	1.02	12	2	6mol/L 乙酸：水=1：2（体积比）
浓氨水	0.91	28	15	
稀氨水	0.96	11	6	浓氨水：水=2：3（体积比）
稀氨水	1.0	3.5	2	6mol/L 氨水：水=1：2（体积比）
浓氢氧化钠	1.44	41	14.4	
稀氢氧化钠	1.1	8	2	氢氧化钠 80g/L

附录3　实验室常用的灭火器及其适用范围

灭火器类型	主要成分	适用范围
泡沫灭火器	$Al_2(SO_4)_3$ 和 $NaHCO_3$	适用于扑灭油类起火
二氧化碳灭火器	液态 CO_2	适用于扑灭电器设备、小范围油类及忌水的化学物品着火
四氯化碳灭火器	液态 CCl_4	适用于扑灭电器设备、小范围的汽油、丙酮等失火。不能用于扑灭活泼金属钾、钠的失火，因 CCl_4 会强烈分解，甚至爆炸。电石、CS_2 的失火也不能使用它，因为会产生光气一类的毒气
干粉灭火器	主要成分是 $NaHCO_3$ 等盐类物质与适量的润滑剂、防潮剂	扑救油类、可燃性气体，电器设备、精密仪器、图书资料和遇水易燃烧物品的初期火灾
1211 灭火器	CF_2ClBr 液化气体	特别适用于扑灭油类、有机溶剂、精密仪器、高压电气设备的失火

附录4 常用的正交表

1. $L_4(2^3)$ 表

试验号	1（A）	2（B）	3（C）
1	1	1	1
2	2	1	2
3	1	2	2
4	2	2	1

2. $L_8(2^7)$ 表

试验号	1（A）	2（B）	3（C）	4（D）	5（E）	6（F）	7（G）
1	1	1	1	2	2	1	2
2	2	1	2	2	1	1	1
3	1	2	2	2	2	2	1
4	2	2	1	2	1	2	2
5	1	1	2	1	1	2	2
6	2	1	1	1	2	2	1
7	1	2	1	1	1	1	1
8	2	2	2	1	2	1	2

3. $L_9(3^4)$ 表

试验号	1（A）	2（B）	3（C）	4（D）
1	1	1	3	2
2	2	1	1	1
3	3	1	2	3
4	1	2	2	1
5	2	2	3	3
6	3	2	1	2
7	1	3	1	3
8	2	3	2	2
9	3	3	3	1

附录5 常见元素的原子量

元素	符号	原子量	元素	符号	原子量	元素	符号	原子量
铝	Al	26.9815	锗	Ge	72.59	钾	K	39.102
锑	Sb	121.75	金	Au	196.9665	硒	Se	78.96
砷	As	74.9216	氢	H	1.008	硅	Si	28.086
钡	Ba	137.34	碘	I	126.9045	银	Ag	107.868
铍	Be	9.0122	铁	Fe	55.847	钠	Na	22.9898
铋	Bi	208.9806	铅	Pb	207.20	锶	Sr	87.62
溴	Br	79.904	锂	Li	6.941	硫	S	32.06
硼	B	10.81	镁	Mg	24.305	碲	Te	127.60
镉	Cd	112.40	锰	Mn	54.938	钍	Th	232.0381
钙	Ca	40.08	汞	Hg	200.59	锡	Sn	118.69
碳	C	12.011	钼	Mo	95.94	钛	Ti	47.90
铈	Ce	140.12	镍	Ni	58.71	钨	W	183.85
氯	Cl	35.453	氮	N	14.0067	铀	U	238.029
铬	Cr	51.996	氧	O	15.9994	钒	V	50.9414
钴	Co	58.9332	钯	Pd	106.4	锌	Zn	65.37
铜	Cu	63.546	磷	P	30.9738	锆	Zr	91.22
氟	F	18.9984	铂	Pt	195.09			

附录6 常用干燥剂的分类及使用方法

一、金属、金属氢化物

1. 金属镁（Mg） 适用于醇类，无水 MeOH 的制备：MeOH 和 Mg 一起加热回流，然后蒸馏出 MeOH，不要蒸馏到干涸。

2. 金属钠（Na） 适用于烷烃、芳烃、醚类：Na 切成薄片或压成丝状，放入待干燥液体中。对 THF 和 EtO 也可加入 Ph_2CO 和 Na 回流再进行蒸馏，蒸馏时不要蒸干。用过的 Na 可用乙醇分解破坏。用于卤代烃时，有爆炸的危险，不适用于醇、酯、酸、酮、醛、胺类的干燥。

3. 氢化钙（CaH_2） 适用于烃类、卤代烃、三级胺、醚类、二氧六环、吡啶、THF。干燥方法：加入 CaH_2，在 Ar 或 N_2 气流中蒸馏，或者将粒状的 CaH_2 加到液体中进行干燥，脱水容量大，处理方便，使用范围广，不适用于醛、酮、羧酸。

二、中性干燥剂

1. 硫酸钠、硫酸镁（Na_2SO_4、$MgSO_4$） 适用于几乎全部溶剂，加入待干燥液体中。Na_2SO_4 脱水容量大，脱水速度慢，$MgSO_4$ 脱水速度快，Na_2SO_4 在 33℃以上、$MgSO_4$ 在 48℃以上释放出结晶水，因此不适合在以上温度使用。

2. 硫酸铜（$CuSO_4$） 适用于乙醇、苯、乙醚，但不适用于甲醇，加入待干燥液体中即可。无水物为白色，结晶水合物为蓝色。

3. 氯化钙（$CaCl_2$） 适用于烃类、卤代烷、醚类、中性气体，加入待干燥液体中即可。也可加入干燥器、干燥管中使用，吸水速度慢，脱水容量大，有潮解性。不适用于醇、胺、氨基酸、酰胺、酮、酯、酸。

4. 硅胶（蓝色） 适用于固体和气体，一般加入干燥器、干燥管中使用。脱水力强，吸水后粉红色，150℃以上加热 2～3h 可再生。

三、碱性干燥剂

1. 氢氧化钠和氢氧化钾（NaOH、KOH） 适用于胺类等碱性物质、中性或碱性气体，加到液体、干燥器中即可，脱水速度快、脱水力大，易潮解。

2. 碳酸钠和碳酸钾（Na_2CO_3、K_2CO_3） 用于胺类等碱性物质、醇、酮、酯、腈的预干燥，加到液体中即可。

四、酸性干燥剂

1. 硫酸 用于 Br_2、中性气体的干燥，加到干燥器、气体干燥瓶中。

2. 五氧化二磷（P_2O_5） 适用于烃类、卤代烃、酸酐、腈、中性气体的干燥，加到干燥器、干燥管中使用，具有吸收速度快、吸收能力最大的特点。P_2O_5 的后处理：用乙醇分解或自然放置让其潮解。